Angela Grünert

Himmlische Geschenke

HERDER spektrum

Band 5348

Das Buch

Die Sehnsucht, bereits in der irdischen Welt ein Stück vom Jenseits zu fassen, hat sich in einer langen Tradition opulenter Feste und Feiern niedergeschlagen. Die meisten der Feste stehen in der Tradition des Propheten oder erinnern an bedeutsame Ereignisse der islamischen Geschichte, haben aber vielerorts an spiritueller Bedeutung verloren und nunmehr überwiegend folkloristischen Charakter. In anderen Ländern werden islamische Feste staatlich kontrolliert und reglementiert. Dadurch wird das Festhalten an den traditionellen Riten und religiösen Zeremonien zum Ausdruck der Opposition und zum Symbol für religiös-kulturelle Identität. Das Buch gibt einen Überblick über die Feste im Islam, beschreibt einzelne Feste ausführlich und macht auf spannende Weise miterlebbar, wie sich der religiöse, politische, soziale und kulturelle Wandel auf die besonderen Momente im Leben der Menschen – und ihre persönlichen Feste: Geburt, Namensgebung, Verlobung, Hochzeit, Beschneidung, Beerdigung – auswirkt. Faszinierende Einblicke in eine lange Tradition, aus vollem Herzen und in tiefer spiritueller Verbundenheit zu feiern, und zugleich eine fesselnde Darstellung des kulturellen Reichtums islamisch geprägter Gesellschaften.

Die Autorin

Angela Grünert studierte Islamwissenschaft, Iranistik und Politologie. Die langjährige Nahostkorrespondentin ist außerdem Autorin von „Der längste Weg heißt Frieden: die Frauen im ersten palästinensischen Parlament" (1998). Mit ihrem Buch „Ramadan. Fasten mit allen Sinnen" (2001) hat sie begonnen, Feste in islamisch geprägten Ländern zu erforschen. Die Autorin lebt und arbeitet derzeit in Berlin.

Angela Grünert

Himmlische Geschenke

Feste und Feiern im Islam

HERDER

FREIBURG · BASEL · WIEN

Gedruckt auf umweltfreundlichem,
chlorfrei gebleichtem Papier

Originalausgabe

www.herder.de
Satz: Barbara Herrmann, Freiburg
Druck und Bindung: fgb · freiburger graphische betriebe 2003
www.fgb.de
Umschlaggestaltung und Konzeption:
R·M·E München / Roland Eschlbeck, Liana Tuchel
Umschlagmotiv: Hochzeit in Bagdad, © laif
Autorenfoto: Katharina Eglau
ISBN 3-451-05348-9

Inhalt

Matteo Samuel gewidmet

Einleitung

Vor Beginn der Feierlichkeiten

Jeden Morgen klingt das Blöken des Schlachtviehs, das bis zum Fest den Rest seines Lebens auf den Dächern der Hochhäuser fristet, vielstimmiger. Früher haben sich eine Großfamilie oder mehrere Nachbarn zusammengetan, um einen Festbraten zu teilen, heute will jede Kleinfamilie ihr eigenes Schächtungsritual und zum Fest viel Fleisch auf dem Teller. – Die Tage vor dem Fest sind mit verkaufsoffenen Samstagen vor Weihnachten vergleichbar. Die Preise steigen auf Kosten der feierlichen Atmosphäre in gleichem Maße wie die Nervosität, noch immer nicht die passenden Kleider und Geschenke gefunden zu haben. Auch die Supermärkte bieten erweiterte Öffnungszeiten. Um dem gesteigerten Bedarf gerecht zu werden, arbeiten die Bäckereien rund um die Uhr. Ohne die süßen Spezialitäten ist ein Fest kein Fest. Ärzte warnen vor den gesundheitlichen Folgen im Übermaß genossener Festspeisen. – Wohlfahrtsorganisationen verteilen Hilfsgüter an die Armen und appellieren im Internet an die religiöse Pflicht der Reichen, mit den Armen zu teilen. Heime für Blinde und Straßenkinder verkaufen handgefertigte Festpostkarten. Die First Ladys veranstalten Benefizveranstaltungen und Gala-Diners für Waisenkinder. Die Herrschenden besuchen Flüchtlingslager und kündigen Amnestien für politisch Verfolgte an. – Sonderzüge sind im Einsatz, alle Inlandsverbindungen bereits seit Wochen ausgebucht. Eltern verreisen mit Kind und Kegel, erwachsene Kinder besuchen die Gräber ihrer verstorbenen Eltern, Großfamilien aus der Stadt reisen zu ihren Verwandten aufs Land. Die Reichen ziehen sich über die Feiertage in ihre Ferienwohnsitze in den kühlen Bergen zurück. Nilkreuzfahrten und Mittelmeerreisen sind nach dem 11. September auch für arabische Mittelklassenfamilien erschwinglich. Manch einer kann sich hingegen sein Leben lang noch nicht einmal die

Pilgerreise nach Mekka leisten und besucht zum Fest die Gräber der Lokalheiligen in seiner Nachbarschaft. Wer in der Nähe des Schreines eines Heiligen lebt, bewirtet zu Ehren seines Geburtstagfestes alle anreisenden Gäste. Exilmuslime sparen für einen Urlaub zu Festzeiten, um die Heimat wiederzusehen. Die zweite und dritte Generation der Gastarbeiterkinder lernt über die Feste die fremde Kultur ihrer Eltern kennen. – Auf dem Lande gestaltet die Dorfgemeinschaft, im Exil die muslimische Gemeinde gemeinsame Festzeremonien. Die Moscheen bereiten sich an den großen Festen auf einen Ansturm von Besuchern vor, mit dem sie zu gewöhnlichen Zeiten nicht rechnen können. Die Minarette werden mit Lichterketten geschmückt, die Gebetsmatten bereitgelegt, um zum Fest den Platz vor der Moschee als zusätzlichen Gebetsraum auszuweisen. In unmittelbarer Nachbarschaft haben die Jahrmarktsbetreiber ihre Zelte aufgeschlagen und stellen Schaukeln, Autoskooter und das Riesenrad auf. Im Zoo werden die Tiere geschrubbt, die Ausflugslokale bauen zusätzliche Tische und Stühle auf. Die staatlichen Fernsehanstalten kündigen das Programm für die Feiertage an: Die Ansprache des Königs oder des Präsidenten wird live übertragen, Kostümverfilmungen, glitzernde Unterhaltungsshows und religiöse Folklore, die die Festsitten anderer islamisch geprägter Länder zum Thema haben, sind schon lange im Voraus produziert worden. Fünf-Sterne-Hotels wetteifern darum, berühmte Schlagersänger und Schauspieler unter Vertrag zu nehmen, um in den Festnächten ein konsumfreudiges Publikum anlocken zu können. Religionsgelehrte mahnen, über all die Vergnügungen den religiösen Sinn des Festes nicht aus den Augen zu verlieren …

Feste in der islamisch geprägten Welt haben ähnliche Strukturen wie Feste überall sonst auf der Welt. Festlichkeiten werden als Gegensatz zum Alltag inszeniert, als Sammlung all dessen, was das Leben liebenswert macht und wofür im Alltag nicht immer die Zeit und die Ressourcen zur Verfügung stehen: lukullische Genüsse in Hülle und Fülle, festliches Ambiente, neue prächtige Kleider, Musik, Tanz, Ausflüge und Vergnügen und vor allem die Freude an erlebter Gemeinsamkeit, Geschenke und Gaben, großzügiges Nehmen und Geben, menschlicher Austausch und Berührung, geteilte Freude und Beistand in glücklichen wie in schlechten Zeiten. Es sind aber nicht nur freudige Ereignisse, die Anlass zum Feiern geben, und selbst die freudigen Ereignisse, wie zum Beispiel die Feste am Lebensweg, rufen neben den schönen und erhabenen Gefühlen gleichzeitig auch Wehmut hervor. Namensgebungszeremonie, Verlobung und Hochzeit markieren die Übergänge von einem Lebensabschnitt in den nächsten und berühren damit auch immer das Thema der Grenzen und Endlichkeit menschlicher Existenz. Feste bieten Modelle zur Überwindung dieser Grenzen, indem sie das Leben in weitreichendere Zusammenhänge stellen, die über den Rahmen hinausreichen, in dem Alltag verläuft. Gerade weil der ursprünglich religiöse Anlass vom allzu menschlichen Bedürfnis nach Vergnügen und Geselligkeit überdeckt wird, ist es bemerkenswert, dass die traditionellen Festriten nahezu unverändert als zentraler Bestandteil der Feste erhalten geblieben sind. Selbst wenn diese heute mehr oder weniger von der Religion losgelöst und nur noch folkloristisch vollzogen werden, gelten sie als Inbegriff der Feierlichkeit. Nicht zuletzt wohl auch deswegen, weil sie die existenziellen Fragen berühren, die unsere menschliche Existenz umfassen: Wo kommen wir her? Zu wem gehören wir? Wie leben wir ein sinnvolles Leben? Wohin gehen wir? Was bleibt von uns? Feste verweisen auf Antworten, die mit den Parametern des Alltags gemessen vielleicht wie Anachronismen erscheinen, die Teilnehmer eines Festes aber vermögen sie zu Tränen aus Freude oder Trauer zu rühren, denn Feste ereignen sich außerhalb des Alltags und können deswegen auch nicht mit alltäglichen Maßstäben gemessen werden. Feste knüpfen an weit in die Vergangenheit zurückreichende Ereignisse an, welche gemeinsame Wertvorstellungen, Kultur und Tradition einer Festgemeinschaft geprägt haben. Feste verbinden die Vergangenheit mit der Gegenwart, setzen das Erbe früherer Generationen fort, um es an zukünftige Generationen weiterzuvermitteln und damit das eigene Leben in Sinnzusammenhänge zu stellen, die über den Tod hinausreichen. Feste vermitteln und bestätigen Identität, sie geben dem Kind einen Namen, der Zuneigung zweier Menschen einen gesellschaftlich akzeptierten Rahmen, definieren und grenzen verschiedene Religionsgemeinschaften voneinander ab oder bestätigen religiös begründete Herrschaftsansprüche. Feste demonstrieren Bindungen und Zugehörigkeiten mit den daran geknüpften Pflichten und Verantwortungen, sie zeigen Veränderungen in der Familie an, fordern die Zuwendung der Reichen zu den Armen, der Machthaber zur Bevölkerung, des Gläubigen zu seinem Schöpfer.

Islamische Feste oder vielmehr Feste in der islamisch geprägten Welt – denn nicht alle in diesem Buch beschriebenen Feierlichkeiten werden von Religionsgelehrten als übereinstimmend mit islamischen Grundprinzipien bewertet – definieren sich vorrangig religiös, werden aber nicht nur auf spiritueller Ebene, sondern durchaus weltverbunden gefeiert. Häufig sind diese Feste von einer solchen Euphorie und Intensität, die im Kreuzfeuer der Kritik orthodoxer Religionsgelehrter stehen und außerhalb des Festrahmens als verpönt gelten. Aus religiöser Sicht sollen die Feste in der möglichst detailgetreuen Nachahmung der Tradition des Propheten und der ersten Urgemeinde in Medina bestehen. Streng genommen gibt es aber nur zwei Feste, die diesem Anspruch gerecht werden. Nur *'id al-fitr*, das Fest am Ende des Fastenmonats Ramadhan, und *'id al-addha*, das Opferfest, welches die Wallfahrt nach Mekka beschließt, lassen sich auf Anlässe zurückführen, die im Koran manifestiert sind. Während jedoch das Fasten im Ramadhan und die Wallfahrt zu den fünf für alle Gläubigen verbindlichen Grundpflichten gehört, ist das Feiern dieser Feste nicht obligatorisch, weil diese selbst im Koran nicht erwähnt sind. Sie sind jedoch, genauso wie das Fest der Offenbarung des Koran und die meisten Feste am Lebensweg in den *hadith*-Sammlungen, in den überlieferten Worten und Taten des Propheten, bezeugt, deren Nachahmung den Gläubigen als religiös verdienstvolle Handlungen empfohlen werden und sich zum untrennbaren Supplement der kultischen Pflichten entwickelt haben. Strittig dagegen ist die Bewertung der Feste, die erst nach dem Tod des Propheten eingeführt wurden und deswegen von einigen orthodoxen Religionsgelehrten als *bi'da*, als religiöse Neuerungen, abgelehnt werden. Sie werden nicht überall gefeiert und nehmen zuweilen auch innerhalb eines Landes unterschiedliche Ränge in der Hierarchie des islamischen Festkalenders ein.

Die Debatte um die Frage, wieviel Raum traditionell-religiösen Riten und Festen im Zeitalter der Industrialisierung und Globalisierung noch gegeben werden soll, findet auch in den Ländern des islamisch geprägten Kulturraumes statt. So versuchte zum Beispiel Präsident Bourguiba im frisch in die Unabhängigkeit entlassenen Tunesien, Einfluss auf das Fasten im Ramadhan und das Fest des Fastenbrechens zu nehmen, um der durch sie bedingten Minderung der Arbeitsleistung entgegenzuwirken. In Ägypten wurde Ende der achtziger Jahre der zehntägige Sonderurlaub gestrichen, den alle Gläubigen bis dahin nutzen konnten, um sich im letzten Drittel des Ramadhan zur Meditation in die Moscheen zurückzuziehen. In Marokko ist der arbeitsfreie Freitag, der in der islamischen Tradition dem Freitagsgebet gewidmet ist, welches in den Mittagsstunden mehrere Stunden in Anspruch nimmt, durch das am christlichen Kalender orientierte Wochenende ersetzt worden. Die islamischen Feste sind vielerorts staatlich kontrolliert, reglementiert und auf ein Minimum reduziert. Auf der anderen Seite lässt sich das Phänomen der politischen Instrumentalisierung von Festen beobachten. Machthaber und Herrscher demonstrieren anlässlich religiöser Feiertage Wohltätigkeit und Gerechtigkeit zur Imageförderung und Machtlegitimation. So werden in den meisten islamisch geprägten Ländern anlässlich der kanonischen Feste staatliche Zuwendungen an die Armen ausgegeben und politische Gefangene entlassen. Die vom Staat ausgerichteten Feste machen oft den Anschein, dass der religiöse Anlass nur noch als ein Rahmenwerk zum Feiern der Machthaber benutzt wird. Der Streit um die Relevanz religiöser Feste wird ähnlich wie im christlichen Umfeld auf der einen Seite von orthodoxen Theologen und konservativen Bewahrern der Tradition geführt und auf der anderen Seite von politischen Akteuren bestritten. Diese durch die Medien verbreiteten und von den breiten Massen äußerst kontrovers und leidenschaftlich weitergeführten Auseinandersetzungen spiegeln zuweilen auch die internen Konflikte zwischen den verschiedenen Ausrichtungen des Islam wider. Die jeweiligen Leitfiguren nehmen für sich und ihre Anhängerschaft in Anspruch, die einzig wahre Interpretation des Erbes des Propheten beziehungsweise das Wissen um die adäquate Ausführung der Feste als Ausdruck des Glaubens zu besitzen. Die eigentlichen Entscheidungsprozesse darüber, wie ein Fest trotz restriktiver Maßnahmen und äußerer Eingriffe überlebt, treffen jedoch die Menschen, die an diesen Festen festhalten.

Feste und Feierlichkeiten in der islamisch geprägten Welt werden von rund eineinviertel Milliarden Menschen mit den unterschiedlichsten gesellschaftlichen und kulturellen Hintergründen zelebriert. Sie sind im Nahen Osten, in Afrika, den ehemaligen Sowjetrepubliken, der Türkei, in Pakistan und Indien, Indonesien und China zu Hause und haben selbst innerhalb eines Landes die vielfältigsten Erscheinungsformen. Einen lückenlosen Überblick über die variationsreiche islamisch geprägte Festkultur von ihrem Ursprung bis zur Gegenwart zu vermitteln, kann dieses Buch nicht leisten. Dies würde mit Sicherheit mehrere Bände eines Lebenswerkes füllen. Vielmehr möchte ich mich auf die Darstellung der Gedankengebäude dieser Feste konzentrieren und aufzeigen, auf welchen Vorstellungen, in welchem gesellschaftlichen Kontext diese einst Gestalt angenommen haben, um dann über Beispiele aus verschiedenen Ländern aufzuzeigen, wie diese Konzepte heute umgesetzt werden. Die Feste wurden in unterschiedliche Kategorien zusammengefasst. Das erste Kapitel beschäftigt sich mit den Feierlichkeiten am Lebensweg, welche auch im Islam die Funktion erfüllen, das Leben eines Menschen von der Geburt bis zum Tode in einen Rahmen zu stellen, der seine religiöse und soziale Zugehörigkeit definiert. Das zweite Kapitel beschreibt die Feste der Offenbarung: *lailat al-qadr*, die Nacht der Herabsendung des Koran, und *lailat al-mi'radj*, die Himmelfahrt des Propheten. Die Feste der Offenbarung erinnern an die Ursprünge des Islam und sind für die Gläubigen eine Bestätigung der Zuwendung Gottes an die Menschheit. Das dritte Kapitel widmet sich den kanonischen Festen, *'id al-fitr* und *'id al-addha*. Ihr Ursprung wird in den Überlieferungen auf die Zeit nach der Auswanderung der Urgemeinde von Mekka nach Medina zurückgeführt, eine Zeit, die als das Ideal des gelebten Islam betrachtet und in dieser Tradition auch über die Feste weitergeführt wird. Die schi'itischen Trauerfeste im vierten Kapitel sind aus dem Streit um die Nachfolgerschaft des Propheten entstanden. Sie verkörpern auch in der Gegenwart die trennenden Aspekte zwischen Sunniten und Schi'iten, zeigen aber auch Möglichkeiten der Annäherung über gemeinsame Zeremonien auf. Das letzte Kapitel widmet sich der überwiegend im Volksislam angesiedelten *mulid*, Feste zu Ehren von Heiligen, die als Mediatoren zwischen Mensch und Gott fungieren. Obwohl der Heiligenkult in vielen Regionen wenig islamische Glaubensinhalte verkörpert, sich jedoch über Jahrhunderte zum zentralen Bestandteil von Kulturen entwickelte, die sich vorrangig als islamisch definieren, wird Heiligenverehrung vielerorts fälschlich als spezifisch islamisches Element interpretiert. *Mulid* sind seit Jahrhunderten Gegenstand kontroverser theologischer Debatten darüber, wie traditionelle Vorstellungen des Volksislam mit einem strikt an den Vorgaben aus der Zeit des Propheten orientierten Islam vereinbar sind, oder vielmehr darüber, wer auf welcher Grundlage befugt ist, Religion zum Wohle der Gemeinschaft zu interpretieren, ihre kultischen Riten zu definieren und zu überwachen.

Die deskriptiven Passagen – welche in kursiver Schrift gekennzeichnet sind – sind aus der Perspektive teilnehmender Beobachtung geschrieben. Sie sind jedoch keine exemplarischen Beispiele und stellen immer nur eine, für den jeweils beschriebenen kulturellen Rahmen gültige, Umsetzung der Feste dar. Die Problematik dieser Herangehensweise ist mir wohl bewusst. Jemand, der erfahren will, wie das Fest des Fastenbrechens am Ende des Ramadhan in der Türkei zelebriert wird, mag enttäuscht sein, wenn er nur das Beispiel aus Ägypten präsentiert bekommt. Jemand der sich eine Hochzeit auf dem Lande in Ägypten vorstellen möchte, ist unzufrieden mit dem beschriebenen Beispiel aus Kairo. Jemand, der das Geburtstagsfest zu Ehren des Propheten in Marokko miterlebt hat, wundert sich, warum es so gar nichts mit dem im Buch beschriebenen Beispiel aus Indonesien gemein hat. Die ausgewählten Länderbeispiele mögen vielleicht willkürlich erscheinen, spiegeln jedoch die Komplexität der Lebensrealitäten islamisch geprägter Gesellschaften und sind dadurch Zeugnisse der Vielfältigkeit der islamischen Festkulturen. Mir geht es ohnehin weniger um eine vollständige Sammlung aller Formen, als um die Herausarbeitung des Rahmens, in dem sich die jeweiligen Formen entfalten. Kurz, ich habe versucht darzustellen, was Menschen in islamisch geprägten Ländern heute mit Festen und Feierlichkeiten verbinden, welche Antworten sie über die Feste auf die Fragen erhalten, die unabhängig von individuellen Lebensrealitäten überall auf der Welt die gleichen sind.

*

So wie man ein Fest nur schlecht alleine feiern kann, bedurfte es auch für das Entstehen eines Buches über Feste des Zusammenspiels mehrerer Akteure, deren Unterstützung ich wie ein himmlisches Geschenk empfunden habe und denen ich an dieser Stelle von ganzem Herzen dafür danken möchte. Ich beginne mit den Initiatoren dieses Projektes, dem Verlag, namentlich mit meinem Lektor Lukas Trabert, der wesentlich zum Gelingen dieses Buches beigetragen hat, sowie Ludwig Ammann, der mich für dieses Buch vorgeschlagen und inhaltlich beraten hat. Ich danke außerdem Katja Niethammer, Stephan Rosiny und Götz König, deren Kompetenz und beispielloses Engagement einzelnen Kapiteln zugute gekommen ist. Danke an Wolf-Dietrich Fromm für die Unterstützung der Umsetzung der Transkriptionen und Falk Prenzlow für die aufopferungsbereite Rettung aus mehr als einer heiklen Computer-Problematik.

1. Kapitel
Nicht nur diesem Leben verbunden – Feste am Lebensweg

Überall auf der Welt sind die bedeutsamsten Schritte im Leben jedes einzelnen Menschen von feierlichen Zeremonien begleitet, die das Individuum in eine gesellschaftliche Ordnung eingliedern und seinem Leben einen Rahmen verleihen. Feste am Lebensweg manifestieren die Verbundenheit und Stärke der Familie, ihre soziale Stellung, ihre Wertevorstellungen und Interessen und dienen als Hilfestellungen zur Bewältigung freudiger und kritischer Lebensphasen. Die Rituale, die biologische und soziale Übergänge markieren, sind in ihrem Ursprung zumeist religiös geprägt, und auch in ihren modernen, teilweise von der Religion abgelösten Erscheinungsformen beziehen sie sich auf einzelne Entwicklungsphasen und Zusammenhänge, die über den Tod hinausreichen.

Im islamischen Kontext werden Geburt und Tod, Verlobung und Gründung einer Familie vorrangig im geschlossenen Kreis der erweiterten Großfamilie zelebriert. Feste am Lebensweg der Muslime haben aber auch die Funktion, nach außen zu signalisieren, welche Veränderungen in der Familie eingetreten sind. Dazu gehören Süßigkeiten für die Nachbarn und Almosen für die Bedürftigen ebenso wie die Schlachtung eines Opfertieres, dessen Fleisch mit den Armen geteilt wird. Die schrillen *zagharid* – Freudentriller der Frauen – verkünden der Nachbarschaft, wenn ein Kind geboren ist, wenn ihm ein Name gegeben wird, wenn der erste Zahn durchgebrochen ist und wenn es gelernt hat, den gesamten Koran auswendig zu rezitieren. Umzüge durch das Dorf oder Stadtviertel zur Moschee, anlässlich Beschneidung, Verlobung, Hochzeit und Beerdigung sind weitere Bestandteile der öffentlichen Dimension privater Feierlichkeiten, die die Zugehörigkeit des Individuums zu einer sozialen Gruppe und in ihrer religiösen Symbolik zur Gemeinschaft der Gläubigen demonstrieren.

*

Nach islamischem Verständnis wird Religionszugehörigkeit vererbt, das Kind eines muslimischen Vaters kann sich seine Religion nicht wählen und hat zu keinem Zeitpunkt seines Lebens die Gelegenheit, sich dafür oder dagegen zu entscheiden. Dies gilt auch, wenn seine Mutter eine andere Religion hat. Aus diesem Grund wird eine Ehe zwischen einer muslimischen Frau und einem Mann einer anderen Religionszugehörigkeit als problematisch betrachtet, während es für einen muslimischen Mann legitim ist, auch eine Christin oder Jüdin zu heiraten.

Subu', das Fest zur Namensgebung, wird daher nicht als religiöser Initiationsritus (wie zum Beispiel die christliche Taufe) gesehen, sondern vielmehr als Danksagung an Gott für dieses himmlische Geschenk und Willkommenheißen des neuen Mitglieds in der Gemeinschaft der Familie und der Glaubensgemeinschaft. Die Zeremonie findet meistens am siebten Tag des neuen Lebens statt, wird vielerorts aber auch erst am vierzehnten, am einundzwanzigsten oder erst am vierzigsten Tag nach der Geburt gefeiert. Das Fest der Namensgebung ist im Koran nicht erwähnt, gilt aber als *sunna* – religiös empfehlenswert, weil es in der Tradition des Propheten steht, der den Überlieferungen zufolge solcherart Festlichkeiten auch für seine Enkelkinder veranstaltet hat und zu ihrer Ehren Opfertiere hat schlachten lassen. In den *hadith*-Sammlungen, den überlieferten Worten und Taten des Propheten, wird ausführlich beschrieben, wie das möglichst makellose Tier beschaffen sein soll, das anlässlich der Namensgebung sein Leben lassen muss. Genau definiert ist, in welchem Maß und in welcher Form das Fleisch zwischen Familie und den Bedürftigen aufgeteilt wird. Die Angaben darüber, ob die Geburt eines Jungen oder Mädchens gleich behandelt wird, sind weniger eindeutig. Im traditionellen Denken verhaftete Interpretationen bestehen darauf, dass die Verantwortung des Mannes für die Gemeinschaft der Gläubigen, im Gegensatz zur Verantwortung der Frau für die Familie, bereits zur *subu'* berücksichtigt werden soll. Demnach wird bei weiblichem Nachwuchs auf die Schächtung eines Opfertieres und die Verteilung des Fleisches an die Armen verzichtet. Manche Familien lösen das Problem, indem sie für ein Mädchen ein Tier und für einen Jungen zwei Tiere opfern, andere orientieren sich an Überlieferungen, nach denen der Prophet sich explizit gegen eine Bevorzugung von Jungen vor Mädchen ausgesprochen hat, und feiern Mädchen und Jungen gleichermaßen.

*

Genau eine Woche ist die Kleine alt und blickt mit großen Kajal-geschwärzten Augen auf das Festgeschehen. Eine spitzenbesetzte Kappe schützt ihren kahlgeschorenen Schädel, denn heute wurden ihr die ersten dunklen Locken, das Haar, von dem man sagt, dass es ihr noch im Mutterleib gewachsen ist, abgeschnitten. Es ist der Tag, an dem die Erstgeborene ihren Namen erhält und die Verwandten, Freunde und Nachbarn sie zum ersten Mal zu Gesicht bekommen. Subu' *wird, wie die meisten Familienfeste, im traditionellen Umfeld, nach Geschlechtern getrennt gefeiert. Der rituelle Teil der Feier, die Schlachtung des Schafes, das bereits zur Geburt des Kindes gekauft wurde, findet am Vormittag im Kreise der Männer statt. In der religiösen Tradition soll der Vater genau in dem Moment, in welchen dem Tier mit einem scharfen Messer die Kehle durchgeschnitten wird, sein Kind zum ersten Mal bei seinem Namen nennen. Doch da es ein regnerischer Wintertag ist, räumt die Familie praktischen Argumenten den Vorrang ein und lässt Muna während der Schächtung unter warmen Decken im Schlafzimmer ruhen. Sobald das Schaf sein Leben gelassen hat, kehrt der Vater zu seiner Tochter zurück und flüstert der schlafenden Muna erstmals ihren Namen ins Ohr.*

Bei Eintreffen der weiblichen Gäste am Nachmittag trägt das Baby eine Pluderhose aus goldenem Brokat und darüber einen mit Mickymäusen gemusterten Kaftan, auf dem an der rechten Schulter mit einer großen Sicherheitsnadel ein Gold-

medaillon mit dem Namen des Propheten befestigt ist. Dies wird als günstigste Platzierung für einen Talisman betrachtet, weil er an dieser Stelle das Kind von vorne und von hinten vor dem gefürchteten bösen Blick zu beschützen vermag. Dass dies unbedingt erforderlich sei, darin sind sich auch diejenigen einig, die sich ansonsten nicht von Aberglauben beeindrucken lassen. Aber dieses Baby mit seinen langen Wimpern und ausdrucksstark geschwungenen dichten Augenbrauen ist unbestritten eine Schönheit, und Vorsichtsmaßnahmen, die dazu dienen, negative Kräfte wie Missgunst und Neid abzuwenden, können nicht schaden. Aus dieser Angst heraus werden in der Tradition die Geschenke der Verwandten nicht offenkundig ausgestellt, sondern „heimlich" unters Kopfkissen des Babys gelegt. So kommt die „Prinzessin" zunehmend unbequem zu liegen unter weiteren Talismanen, Armreifen, Finger- und Ohrringen, alles winzig klein aus hochwertigem Gold gefertigt. Die Briefumschläge mit Banknoten dagegen lassen sich dezenter und weit bequemer fürs Kind unter die Daunen schieben. Aus Gründen der Hygiene und der instabilen wirtschaftlichen Situation sind es bevorzugt Dollarscheine, statt der zerfledderten ägyptischen Pfund. Seit einigen Jahren ist es auch in Mode, bei der Nationalbank druckfrische Fünf-Piaster-Scheine zu erwerben, auf denen anlässlich der subu' *Geburtsdatum und Name des neuen Erdenbürgers eingeprägt werden. In einem mit rosafarbenen Tüll verhüllten Körbchen wird das kostbare Kind von Besucherin zu Besucherin gereicht, die im Halbrund um die stolze Großmutter Platz genommen haben. Aber auch der Mutter des Kindes, die festlich gekleidet und mit Henna gefärbten Händen blass und still am Rande der Festrunde sitzt, wird Ehre und Anerkennung zuteil. Ihre Tochter kam vor sieben Tagen mit Kaiserschnitt auf die Welt. Die Ärzte haben sie nur unter der Bedingung entlassen, dass sie zur* subu', *so wie es in Ägypten Brauch ist, nicht sieben Mal über das im Körbchen gebettete Kind springt. Weil die Familie aber an dieser Zeremonie festhalten möchte, übernimmt diese Aufgabe stellvertretend die Schwester der Mutter. Dabei wird*

Weihrauch verbrannt, die Frauen klatschen und singen Segenswünsche und Lieder, die das Kind zur Gehorsamkeit zu Gott und seinen Eltern ermahnen. Die Nachbarskinder tragen Kerzen durch das Haus, die den glücksbringenden Engeln den Weg weisen sollen. Diese Zeremonie hat keinen islamischen Hintergrund, ist aber der Höhepunkt jeder Namensgebungszeremonie. Serviert wird ein puddingartiges Getränk, das aus verschiedenen Getreidesorten besteht, dazu werden Popkorn und Nüsse gereicht.

Vom Fleisch des geschlachteten Schafes bekommt die Damengesellschaft nur wenig zu kosten, zwei Drittel des Opfertieres sind unmittelbar nach der Schächtung zur Moschee in der Nachbarschaft gebracht worden, um es dort an Bedürftige zu verteilen. In der Tradition steht auch der Hebamme eine Keule vom Opfertier zu. Muna aber ist in einer Privatklinik zur Welt gekommen, wo Ärzte, Hebammen und Krankenschwestern üppige Honorare statt Almosen erwarten. Um der Freude und Dankbarkeit über den Familienzuwachs Ausdruck zu verleihen, wird das Gewicht der Haare des Babys in Gold und nicht wie in der Tradition vorgesehen in Silber aufgewogen und der Gegenwert für einen wohltätigen Zweck gespendet. „Möge Gott euch ein gutes Leben geben!", wünscht man den Eltern zum Abschied der Feier, und die Kleine scheint erleichtert zu sein, als sie aus der Enge ihres von Geschenken beschwerten Körbchens befreit wird und wieder inmitten des geräumigen Ehebettes Platz findet.

*

Neben der Namensgebungszeremonie steht *tahnik*, das Füttern des Babys mit zerkauten und eingespeichelten Datteln, in der Tradition des Propheten als ein Liebesdienst, der dem Vater des Kindes vorbehalten ist. Auch heute wird *tahnik* als Probe der väterlichen Geduld betrachtet.

Das Kind kommt vielerorts erst am vierzigsten Tag nach seiner Geburt an die frische Luft, wenn seine Mutter das Wochenbett verlässt. In Mekka führt in der Tradition der erste Weg Mutter und Kind in den Abendstunden zur Großen Moschee.

Dort wird das festlich gekleidete, in bunte Tücher gewickelte Kind gegen ein Honorar der Obhut des Moscheenwächters anvertraut, während seine Mutter den für Frauen abgegrenzten Gebetsraum aufsucht. An manchen Abenden ruhen unter Aufsicht des Wächters Dutzende von kleinen bunten Bündeln auf dem Boden an der Schwelle des Tores zur *ka'ba*, dem größten Heiligtum der Muslime, an der gleichen Stelle, an der tagsüber für einen kurzen Moment die Bahren mit Leichen abgestellt werden, bevor sie von ihren Angehörigen weiter zum Friedhof getragen und am Tag ihres Todes beerdigt werden.

*

Wenn ein Kind geboren wird, wird ihm ins rechte Ohr das Glaubensbekenntnis, ins linke Ohr der Aufruf zum Gebet gesprochen. Obwohl es üblich ist, dem Neugeborenen bereits mit dem Durchtrennen der Nabelschnur einen Namen zu geben, so wird dieser, selbst wenn das Kind ihn ein Leben lang behält, bis zur *subu'* als Provisorium behandelt. Ein Kind vor der Namensgebungszeremonie wird noch nicht als Persönlichkeit betrachtet. Mütter, die ein Kind noch vor *subu'* verlieren, versucht man damit zu trösten, dass das verstorbene Kind noch viel „zu klein gewesen sei, um gezählt zu werden". Nach dem Volksglauben sollte eine Mutter nicht am Sterbebett ihres Kindes sitzen, weil der Geist eines Kindes sich nicht vom Körper lösen kann, wenn die Mutter es bewacht. Und für die Mutter sei die direkte Konfrontation mit dem Tod hinderlich für weitere Schwangerschaften. Die Säuglingsleichname werden vielerorts ohne Trauerfestlichkeiten auf dem Lande in der freien Natur unter einem Baum und ohne weitere Grabkennzeichnung, in den Städten im Familiengrab ohne Namensnennung beigesetzt. In Ländern mit hoher Säuglingssterblichkeitsrate von bis zu sechzehn Prozent, wie zum Beispiel in der Westsahara, in Afghanistan oder im Jemen, wird Trauer um Kinder nicht öffentlich gezeigt, bestimmt aber den Alltag der meisten Frauen.

Gesunde Zähne gelten im Volksglauben als ein Zeichen von Bodenständigkeit und fester Verankerung mit dem Leben.

Wer den ersten Zahn im Munde eines Kleinkindes entdeckt, gilt als vom Glück gesegnet und schuldet dem Kind ein Geschenk. In der Türkei ist es Brauch, diesen Anlass zu feiern. Dazu wird das Kind auf ein weißes Laken gelegt und ein Koran, ein Goldstück und eine Schere in seine Reichweite gelegt. Je nachdem, wonach das Kind zuerst greift, wird ihm eine spirituelle, eine kommerzielle oder eine handwerkliche Laufbahn prognostiziert. Danach wird der Kopf des Kindes mit weich gekochtem Weizen mit Zucker eingerieben, und in manchen Regionen trägt es zu dieser Zeremonie auch Weizen in Stoff eingenäht in der Kleidung. An diesem Tag steht das Vitalität symbolisierende Getreide, dem hoher Segensgehalt zugeschrieben wird, auf dem Speisezettel der gesamten Familie. Auch in der Nachbarschaft wird mit Puderzucker bestreuter Weizen- oder Haferbrei verteilt. Als Zeichen ihrer freudigen Anteilnahme senden die Nachbarn die Schälchen mit Geschenken für Mutter und Kind zurück. Ähnlich volkstümliche Bräuche werden gefeiert, wenn das Kind die ersten eigenständigen Gehversuche unternimmt oder seinen ersten Zahn verliert.

*

Feste am Lebensweg markieren vorrangig biologische oder soziale Übergänge. Feierlichkeiten, die intellektuelle Entwicklungen markieren, haben nur im religiösen Umfeld Tradition. Zeremonien, die den Eintritt in die Schule, den Abschluss der Universität oder Berufsjubiläen hervorheben, sind weitgehend unbekannt.

In den meisten islamisch geprägten Ländern gilt Bildung als ein erstrebenswertes, aber teures Gut. Um seinen Kindern eine wirkliche Chance für die Zukunft zu bieten, müssen Privatschulen und Universitäten und idealerweise auch ein Studium im Ausland finanziert werden. Aber selbst der Besuch der größtenteils völlig überlasteten staatlichen Schulen, die keine oder nur geringe Gebühren verlangen, ist für viele Familien eine kostspielige Angelegenheit, weil zusätzliche Aufwendungen für Schuluniformen, Lehrmaterial und Transportkosten anfallen. Kinderreiche und arme Familien können sich oftmals nur für einen Teil der Kinder den Schulbesuch leisten. Meistens ist es der älteste Sohn, auf den alle Hoffnungen gesetzt werden, und oft kommen die Mädchen zu kurz, für die in Voraussicht auf die Erfüllung ihrer traditionellen Rolle als Hausfrau und Mutter Bildung als zweitrangig betrachtet wird.

Die traditionellen Koranschulen, die an die lokalen Moscheen angebunden sind, sich aus religiösen Spenden finanzieren und armen Kindern auch das Lehrmaterial stellen, sind vor allem dort eine Alternative, wo nicht genügend staatliche Schulen vorhanden sind oder diese durch mangelhafte Infrastruktur schwer erreichbar sind. Es gibt aber durchaus auch begüterte Familien, die ihre Kinder, weil sie auf eine religiöse Ausbildung Wert legen, meist als Zusatzausbildung auch in Koranschulen ausbilden lassen. Die Koranschulen stehen heute vielerorts unter Verwaltung und Aufsicht der Erziehungsministerien. Kinder aller Altersstufen werden von theologisch geschultem Lehrpersonal im Lesen und Schreiben und zum Teil auch in Orientierung am üblichen Grundschulcurriculum unterrichtet. Die Ausbildung ist aber nach wie vor strikt religiös ausgerichtet – im Vordergrund steht die lückenlose Beherrschung des Koran. Im ersten Ausbildungsschritt lernen die Schüler den Text im klassischen Hocharabisch auswendig. Das Verständnis für die kunstvolle Sprachform, die sich wesentlich von der Umgangssprache unterscheidet und für Muslime aus Afghanistan, Pakistan, Indien, Indonesien oder dem Iran eine Fremdsprache ist, wird erst in einer höheren Ausbildungsstufe vermittelt. Für wichtiger als das Verstehen des als heilig betrachteten Textes wird die Verinnerlichung des im Koran offenbarten Gotteswortes gehalten.

In religiös orientierten Familien werden solche Leistungen schon von sehr jungen Kindern erwartet. Im Alter von vier Jahren, vier Monaten und vier Tagen sollte ein Kind die erste Sure des Koran auswendig können, dafür wird ihm ein Fest ausgerichtet. Zur *bismalla*-Zeremonie sind die Vierjährigen festlich gekleidet und führen eingeladenen Gästen ihre frisch angeeigneten Kenntnisse vor. Weitere Stationen der religiösen

Erziehung sind das Erreichen der *ischrafa,* wenn ein Drittel und später die Hälfte des Koran auswendig aufgesagt werden kann, und schließlich die *iqlaba,* wenn der gesamte Korantext beherrscht wird. An dem Tag, an dem das Kind seinen Lehrern nachgewiesen hat, dass es Koran-fest ist, darf es mitten am Tag die Schule für mehrere Tage andauernde Sonderferien verlassen. Viele Eltern warten sehnlichst auf den Tag, an dem ihre Sprösslinge noch vor Schulschluss nach Hause kehren und von allen, die ihnen auf ihrem frühen Heimweg begegnen, euphorisch beglückwünscht werden. Im Jemen, in Saudi-Arabien und in der ländlichen Türkei reiten die Gefeierten zu diesem Anlass unter Musikbegleitung auf Kamelen oder Maultieren durch das Wohnviertel. Familien, die es sich leisten können, errichten vor ihren Häusern Zelte, in denen Gäste empfangen und bewirtet werden, bevor sie Platz nehmen und andächtig der Rezitationskunst des Koran-Absolventen lauschen.

*

Die Beschneidung der Jungen ist keine religiöse Pflicht, wird aber in der Tradition des Propheten, der bereits beschnitten zur Welt gekommen sein soll, als nachahmenswert betrachtet. In den überlieferten Worten und Taten des Propheten wird die Beschneidung neben dem Kürzen der Nägel, der Rasur sämtlicher Körperbehaarung, der Pflege des Bartes und dem Reinigen der Zähne in die hygienischen Erfordernisse eingeordnet, dic als Verhaltensmaßstab für gläubige Männer vorausgesetzt werden. Uneinigkeit herrscht darüber, welches Alter als ideal für die Beschneidung betrachtet wird. Im schi'itisch geprägten Umfeld wird der siebte Tag nach der Geburt als der einzig mögliche Tag für die Beschneidung betrachtet, weil bereits die Enkelsöhne des Propheten im Alter von einer Woche beschnitten worden sind. Größtenteils wird aber die Beschneidung in einem so frühen Alter abgelehnt. Eltern befürchten, dass die Vorhaut später nachwachsen könnte und dann ein zweiter Eingriff fällig wird. Weit verbreitet ist die Auffassung, dass ein Kind sich aktiv an diesem Übergangsritual beteiligen soll und sich dann auch daran erinnern kann, wenn es erwachsen ist. Manche Familien entscheiden aus finanziellen Gründen, dem gesamten männlichen Nachwuchs ein gemeinsames Fest auszurichten, und so kommt es auch vor, dass die Jüngsten bei ihrer Beschneidung gerade erst geboren, während die Ältesten in der fortgeschrittenen Pubertät sind. In der Regel finden die Beschneidungen in einem Alter statt, in dem die Jungen religiöse Pflichten wie Beten und Fasten während des Ramadhan aufnehmen. Deswegen hat sich dieses Ritual zu einer Art Initiationsritus entwickelt, der als Eintritt des Jungen in die Männerwelt wie auch als Aufnahme in die muslimische Gemeinschaft betrachtet wird. Der Junge gilt nach der Beschneidung als vor Gott für sein Verhalten selbst verantwortlich. In Java wird der Ritus der Beschneidung „islamisch machen" genannt. In diesem Sinne betrachten Konvertiten die Beschneidung als Voraussetzung des Eintritts in die neue Religion, denn nach orthodoxer Auffassung kann jemand, der nicht beschnitten ist, an bestimmten kultischen Handlungen nicht teilnehmen, außerdem wird die Beschneidung als Voraussetzung für die Ehe betrachtet. Der eigentliche Eingriff, bei dem die gesamte die Eichel bedeckende Vorhaut entfernt wird, dauert nur wenige Sekunden. Mit einer Klemme wird die zu entfernende Haut lang gezogen, zusammengepresst und mit einem einzigen Schnitt durchtrennt. Früher war ein solcher Eingriff dem Barbiershandwerk vorbehalten, später hat sich daraus ein eigener Berufszweig entwickelt. Ein Großteil der professionellen Beschneider kann auf eine jahrzehntelange Familientradition in diesem Beruf verweisen, doch nicht alle verfügen über eine medizinische Ausbildung, wie sie heute in einigen Ländern zur Bedingung gemacht wird, um praktizieren zu können, zum Beispiel in der Türkei, wo das Gesundheitsministerium der ländlichen Bevölkerung eine kostenfreie Behandlung über mobile Beschneidungsambulanzen anbietet.

Der einzige in Berlin niedergelassene Beschneider verfügt über eine deutsche Krankenpflegeausbildung und ein türkisches Beschneidungsdiplom, ist aber bei der wachsenden

Nachfrage seiner Dienste hoffnungslos überfordert. Islamische Verbände werben daher seit Jahren Beschneider aus der Türkei und arabischen Ländern an, die in den Sommerferien durch die Städte in Deutschland, Österreich und den Niederlanden touren. Die Zeremonien, bei denen in Stuttgart, Köln oder Berlin oft mehr als 30 Kinder an einem Tag beschnitten werden, finden nach dem Freitagsgebet, meistens in den Nebenräumen der Moscheen statt, und an den anschließenden Feierlichkeiten nimmt die gesamte Exilgemeinde teil. Die Mehrheit der türkischen Familien nutzt jedoch das Angebot der deutschen Krankenhäuser und ambulanter Praxen, die anbieten, die Operation mit Lokalanästhesie oder sogar in Vollnarkose vorzunehmen, was aber meistens von den Beteiligten abgelehnt wird, weil Tapferkeit zum Bestandteil des Rituals gehört. Der Eingriff wird als weniger schmerzhaft als der Heilungsprozess empfunden, der jedoch auch selten mehr als eine Woche in Anspruch nimmt. Für einige Familien aber ist die Beschneidung Anlass für einen Besuch in der ihren Kindern oftmals noch unbekannten Heimat.

*

In den Sommermonaten werden in der kleinen Privatklinik in Ankara täglich bis zu fünfundzwanzig Beschneidungen vorgenommen, für einen Beschneidungstermin in den Schulferien wird Eltern daher geraten, ihre Söhne möglichst ein Jahr im Voraus anzumelden. Der ambulante Eingriff kostet inklusive Vor- und Nachsorge sowie dem Verbandsmaterial und der Medikamente, die dem Patienten mit nach Hause gegeben werden, eine Pauschale von zweihundert US-Dollar. Für Ankaraner ist das ein stolzer Preis, den viele Familien schon deswegen nicht aufbringen können, weil sie sich ohnehin für die anschließende Festzeremonie verausgaben. Die städtischen Kliniken bieten die kleine Operation zu weit günstigeren Preisen an, sind aber hoffnungslos überlaufen. Auch die Honorare der privaten Beschneider liegen weit unter dem Preis der Privatklinik. Doch der Ruf vieler dieser Unternehmen hat gelitten, seitdem das Gesundheitsministe-

rium eine Aufklärungskampagne gegen die medizinischen Folgen unsachgemäßer Beschneidung startete. Das Klientel der Privatklinik gehört eindeutig zu den Bessergestellten im Lande, aber es gibt auch weniger reiche Familien, die sich dort zumindest die Beschneidung des ersten Sohnes leisten und dann für die Geschwister die günstigeren Varianten in Anspruch nehmen.

Am Tag vor ihrer Beschneidung werden die Jungen von ihren Müttern und weiteren Frauen ihrer Familie auf die Zeremonie vorbereitet, erhalten einen neuen Haarschnitt, werden gewaschen, gebadet, von Kopf bis Fuß mit parfümiertem Puder eingerieben und ihre Finger werden mit Henna gefärbt. Das traditionelle Festgewand besteht aus einem weißen Satinanzug mit schwarzer Fliege und einer rotgoldenen Schärpe, dazu trägt der Beschneidungskandidat weiße Slipper, ein rotes Cape und eine perlenbestickte Kappe. Herausgeputzt, wie man sich nach romantischen Vorstellungen einen osmanischen Prinzen ausmalt, wird der Junge aus der Obhut der Frauen in die Männerwelt entlassen. Sein Vater hat währenddessen mit allen männlichen Verwandten die Moschee besucht und danach ein oder mehrere Schafe für das Fest schlachten lassen. Als besonderes Verdienst gilt es, eine oder mehrere Beschneidungen von Jungen aus armen Familien zu finanzieren, die an diesem Tag wie die eigenen Söhne behandelt werden. Auf dem Lande reiten die festlich dekorierten Jungen auf Pferden oder Maultieren durch das Dorf, in der Stadt werden sie auf den Schultern der Männer getragen oder fahren im hupenden Autokonvoi durch die Straßen ihres Stadtviertels.

Das eigentliche Fest aber beginnt erst nach der Beschneidung. Dann liegen meistens mehrere Jungen zusammen in einem großen mit Tüll und bunten Tüchern dekorierten Bett inmitten des Festsaals. Davon, dass sie nach der Beschneidung als Männer gelten sollen, ist nicht viel zu bemerken. Für das Trösten der Jungen über ihre Schmerzen sind nach wie vor die Frauen zuständig, die ihre im Mittelpunkt stehenden Söhne mit Zärtlichkeiten überschütten, was den

Heranwachsenden, die nun nicht mehr wie Kinder behandelt werden wollen, sichtbar peinlich ist. Ihre Festuniformen haben sie gegen bodenlange weiße Kittel getauscht und nur ihre prunkvollen Kappen behalten, die jetzt auch dazu eingesetzt werden, die Genitalien vor dem Druck der Decken zu schützen. Die Jungen erhalten Geschenke in Form von Süßigkeiten, Goldmünzen und Geldscheinen. Letztere werden ihnen mit Stecknadeln an die Kleider geheftet. Um die Betten herum wird gegessen, getrunken und getanzt, aber auch Unterhaltungsprogramme für Kinder werden geboten. Selten sind die fahrenden Musikanten und Komödianten geworden, die früher während der gesamten Sommermonate auf Tournee waren, um für Beschneidungsfeiern engagiert zu werden. Traditionelle Schattenspiele und Zaubertricks und zuweilen auch Zirkusnummern mit dressierten Tieren gehörten zum klassischen Repertoire. Aber auch in der Türkei nimmt der Trend zur Unterhaltung aus der Konserve zu, so dass die internationalen Kinderidole Batman, Harry Potter oder Shakira dazu eingesetzt werden, die Jungen auch in den kommenden Tagen im Bett zu halten und von ihren Schmerzen abzulenken.

Die Beschneidung der Mädchen hat in den islamischen Quellen keine Grundlage und ist in achtzig Prozent der islamisch geprägten Welt unbekannt. In den Golfstaaten, Jemen, Indonesien und Malaysia und vielen Ländern des afrikanischen Kontinents wird sie dennoch als islamisches Ritual betrachtet, das aber meist im Verborgenen und nicht als Fest zelebriert wird. Internationale Frauen- und Menschenrechtsorganisationen, die sich gegen die Beschneidungen von Mädchen engagieren, schätzen, dass weltweit bereits 130 Millionen Mädchen und Frauen beschnitten sind und dass trotz weitreichender offizieller Verbote jedes Jahr weitere zwei Millionen Beschneidungen an Mädchen vorgenommen werden.

*

In den meisten Ländern, in denen kein tragendes staatliches Sozial- und Rentensystem vorhanden ist, wird vorausgesetzt, dass Kinder ihre Eltern im Alter versorgen. Aber nicht nur aus wirtschaftlichen Gründen wird eine Familie ohne Kinder als unvollkommen angesehen. Heiraten und Kinder in die Welt zu setzen, gilt aus religiöser Perspektive als die vorrangige Bestimmung aller Menschen. Familienmitglieder definieren sich über ihre Vorfahren, und wenn sie Eltern geworden sind, über ihre eigenen Kinder. Sobald der erste Sohn geboren wird, nennt sich der Vater oder die Mutter eines Kindes, das Hassan heißt, *Umm* oder *Abu Hassan,* Mutter oder Vater des Hassan. Uneheliche Kinder haben es sehr schwer, Fuß in der Gesellschaft zu fassen. Nicht nur, dass sie als das Produkt eines strengen Verstoßes gegen soziale und religiöse Normen verurteilt werden, sie haben keinerlei gesellschaftlichen Rückhalt, der auf einem Netzwerk und dem Einfluss der Familie des Vaters basiert. Ähnlich geht es Scheidungs- oder Waisenkindern, wenn sie nicht jemand Einflussreichen haben, der sich hinter sie stellt. Häufig sind es Personen des öffentlichen Lebens, die Ehefrauen von Politikern, reiche Geschäftsleute, anerkannte Schauspieler und Sänger, aber auch religiöse Autoritäten, die entweder eine Adoption oder Patenschaft für Waisenkinder übernehmen oder zumindest ihre Feste am Lebensweg ausrichten. Dabei kommt es in erster Linie nicht nur auf die finanzielle Unterstützung an, sondern vor allem auf den Namen, der ihnen geliehen wird, um das Vakuum ihrer Abstammung zu füllen.

Kinderlosigkeit ist einer der häufigsten Gründe für eine Scheidung oder dafür, dass Männer eine zweite Frau heiraten, obwohl Polygamie heutzutage eher selten gelebt wird. Als Voraussetzung für eine zweite Ehefrau ist in vielen Ländern das Einverständnis der ersten Ehefrau erforderlich. Grundsätzlich muss allen Ehefrauen und gemeinsamen Kindern das gleiche Maß an finanzieller und emotionaler Aufmerksamkeit entgegengebracht werden. Von den meisten jungen Menschen wird heute Polygamie eher als rückschrittliche oder dekadente Lebensform betrachtet, und tatsächlich kommt die Heirat mit bis zu vier Frauen, die vor zwei oder drei Generationen, zumindest von den Männern, als erstrebenswert betrachtet wurde – und dennoch die Ausnahme bildete –, nur im traditionellen oder extrem wohlhabenden Umfeld vor.

Zuweilen wird Polygamie auch von Seiten der Regierung propagiert und wie im Falle Iran nach dem Ersten Golfkrieg auch staatlich subventioniert mit dem Ziel, das Ungleichgewicht der Geschlechter, das dadurch entstanden war, dass viele junge Soldaten gefallen waren, auszugleichen. Dieses staatliche Angebot wurde jedoch schon alleine deswegen kaum wahrgenommen, weil in der wirtschaftlich angespannten Nachkriegszeit die staatlichen Zuwendungen nicht einmal ansatzweise dazu ausgereicht haben, die finanziellen Doppelbelastungen auszugleichen.

*

M*ahr*, die Brautgabe, ist der konstituierende Teil des Heiratsvertrages, ohne den die Ehe keine Rechtsgültigkeit erlangt. Sie besteht aus dem Brautschmuck, der zur Verlobung übergeben wird, und einem vereinbarten Betrag in Sachwerten wie Goldschmuck, einer Eigentumswohnung oder Möbel, die zur Hochzeit fällig werden. Ein weiterer Teil der Brautgabe wird für den Fall der Ehescheidung als finanzielle Absicherung der Frau, sozusagen als einmalige Unterhaltsabfindung notariell vereinbart. Es existieren keine Anhaltspunkte über die Höhe der Brautgabe, sie unterliegt den Verhandlungen zwischen den Familien der Ehepartner und häufig auch dem Zeitgeist. In vielen Regionen des Maghreb, insbesondere in einem Umfeld, in dem Frauen und Männer berufstätig sind und beide über Einkommen verfügen, hat *mahr* nur noch symbolischen Wert und ist auf Pfennigbeträge festgelegt. In anderen Ländern müssen regelrechte Vermögen zusammengetragen werden, um eine Ehe anzubahnen. In den Vereinigten Arabischen Emiraten sind staatliche Fonds eingerichtet worden, aus denen weniger wohlhabende Heiratswillige Unterstützung für ihr Vorhaben erwarten können. Auch islamische Privatstiftungen stellen Gelder zur Verfügung, damit Arme ihrer religiösen Pflicht nachkommen und heiraten können. Häufig werden solche Heiratszuschüsse oder die Organisation von Massenhochzeiten auch aus islamistisch orientierten Oppositionskreisen in die Wege geleitet, um auf diese Art und Weise die Schwächen der Regierung zu kritisieren, die nicht in der Lage sei, die Erfüllung der religiösen Grundpflichten der Bevölkerung zu garantieren.

Im Iran ist es zur Mode geworden, dass Heiratswillige den zweiten Teil der Brautgabe – sozusagen als Anti-Scheidungsgarantie – auf protzig hohe Beträge ansetzen, um damit das Ausmaß der nicht aufzulösenden Zuneigung zu demonstrieren und die Familie der Zukünftigen für sich einzunehmen. Eine Form von Romantik, die zu jahrzehntelang währenden Scheidungsprozessen führte. Auch in Ägypten wachsen die Ansprüche der Damen beziehungsweise der Familien, die über entsprechend hohe *mahr*-Forderungen ihren gesellschaftlichen Status definieren. Manche Männer sparen zehn bis fünfzehn Jahre, um die von der Familie einer adäquaten Heiratskandidatin als Sicherheitsgarantie erwartete Summe zusammenzubekommen. Häufig wird einem Geduldigen währenddessen die Angebetete von einem Geschäftstüchtigeren unter den Augen weggeheiratet – ein Dilemma, das vor allem nicht allzu begüterte Künstler oder Freischaffende trifft, die dennoch Wert auf eine gebildete Partnerin aus einer angesehenen und entsprechend „teuren" Familie legen. Der Fall, dass solche finanziellen Ansprüche einer Familie die Liebenden unterschiedlicher sozialer Schichten nicht zusammenkommen lassen, ist von der klassischen Literatur bis zu heutigen Filmen und Schlagern ein beliebtes Motiv, das zumindest in der Kunst – häufig als sozialkritisches Lehrstück konzipiert – nach Überwindung tausendundeiner Hürde am Ende doch noch zum Happy End führt.

Die Details über die Rahmenbedingungen der Ehe werden zwischen dem Bräutigam und dem Mann, der der Braut verwandtschaftlich am nächsten steht – in der Regel ist dies der Vater –, ausgehandelt. In den meisten Ländern ist die Einwilligung beider Ehepartner Voraussetzung für die Eheschließung. Bei arrangierten Hochzeiten sollte es sich im sozio-ökonomischen Interesse der Familie idealerweise um einen Verwandten väterlicherseits, einen der Cousins, der der Braut von Kindesbeinen an vertraut ist, handeln. Es kommt aber auch vor, dass der Braut keine Gelegenheit gegeben wird, vor der Verlobung ihren Zukünftigen kennen zu lernen. Heutzutage werden jedoch zunehmend eigenständige Herzensentscheidungen getroffen, die, wenn sie gelebt werden wollen, formal manifestiert werden müssen. Für Frauen steht die Ehre auf dem Spiel, denn egal wie modern und religions- oder traditionsabgewandt die eigene Familie eingestellt ist, der gesellschaftliche Druck, bei dem es vor allem darum geht, dass eine Frau als Jungfrau in die Ehe eingeht, kann nicht ignoriert werden. Die männlichen Wunschpartner, die die jungen Mädchen meistens im Umfeld der Schule oder Universität kennen lernen, sind als Studenten oder Berufsanfänger aber selten dazu in der Lage, das Kapital aufzubringen, das für eine Heirat vorausgesetzt wird. Wenn die zukünftigen Schwiegereltern des jungen Mannes in solch einem Fall bereit sind, einer Verlobung zuzustimmen, ist diese meistens an einen genau definierten Zeitpunkt gebunden, wann für die Brautgabe gesorgt sein muss. Die Eltern der Braut wollen zu lange Verlobungszeiten vermeiden, die der Tochter die Chance für andere, eventuell bessere Gelegenheiten verbauen; gleichzeitig setzen sie den zukünftigen Schwiegersohn unter einen Erfolgs- und Leistungsdruck, der bei steigenden wirtschaftlichen Problemen immer schwieriger zu bewältigen ist. Die meisten dieser so romantisch begonnenen Liebesgeschichten nutzen sich an den zahlreichen äußeren Widerständen ab und haben selten ein Happy End. Erfolgsversprechender scheinen die Eheanbahnungen, die auf einer bereits vorhandenen, mehr oder weniger begüterten Grundlage erfolgen.

Die Werbung um die Hand einer jungen Frau erfolgt grundsätzlich von Seiten der Familie des Mannes. Hat der Heiratskandidat sich seine Braut selbst gewählt, kann er dem Vormund der Ersehnten persönlich sein Anliegen vortragen oder er schickt einen Stellvertreter, der an seiner statt ein gutes Wort für ihn einlegt. Als geeigneter Fürsprecher kommt entweder eine Person mit Einfluss in Frage, die beide Verhandlungspartner kennen, zum Beispiel eine religiöse Respektsperson, oder er bittet seine Mutter und andere weibliche Familienmitglieder, bei den Frauen der Familie, in die er einheiraten möchte, vorzusprechen. Signalisiert die Familie der jungen Frau Bereitschaft für eine Verbindung, wird der erwünschte Schwiegersohn, sein Vater, seine Brüder und eventuell auch Freunde als Zeugen in das Haus der Braut eingeladen, um dort mit ihren männlichen Verwandten die finanziellen Vereinbarungen, den Wert des Brautschmucks, Ort und Ausstattung der Wohnung und die Höhe der Brautgabe auszuhandeln. Wenn beide Parteien sich einig geworden sind, wird das Abkommen mit der Rezitation der ersten Sure des Koran in Anwesenheit der Brautleute besiegelt.

An die Übergabe des Brautschmuckes, der meistens von den Verlobten in Begleitung weiterer Familienmitglieder gemeinsam ausgewählt wird, schließt sich eine Feier an, mit der die Verlobung offiziell bekannt gegeben wird. Diese wird von der Familie der Braut ausgerichtet und findet entweder in ihrem Elternhaus oder in gemieteten Räumlichkeiten statt. Die Verlobungsfeier wird wie eine kleine Hochzeit gefeiert, vielerorts nach Geschlechtern getrennt und je nach wirtschaftlicher Situation entweder mit einem aufwändigen Essen oder nur einem bescheidenen Empfang mit Limonade und Süßigkeiten, aber fast immer mit Musik und Tanz. Mit dieser Zeremonie wird der erweiterten Großfamilie, aber auch Nachbarn und Freunden signalisiert, dass das Paar verlobt ist. Damit sind die Voraussetzungen gegeben, dass die beiden sich von nun an regelmäßig sehen und einander näher kennen lernen können. Welcher Raum und welche Intensität diesen Begegnungen gegeben ist, hängt von den religiös-kulturellen Gegebenheiten und dem jeweiligen sozialen Umfeld ab. Es gibt Paare, die einander von Angesicht zu Angesicht zum ersten Mal erst in der Hochzeitsnacht gegenüber stehen, und Verlobte, die einander nur in Anwesenheit anderer Familienmitglieder treffen dürfen. Es gibt aber auch Verlobte, die zu zweit oder mit gemeinsamen Freunden all ihre Freizeit zusammen verbringen. Vielerorts ist es üblich geworden, mit der Verlobung die Heiratsformalitäten gleich mit zu erledigen, auch wenn die finanziellen Voraussetzungen für eine Eheschließung noch nicht gegeben sind und die Hochzeitsfeier erst für Jahre später angesetzt wird. Ein solches Handeln soll die Ernsthaftigkeit des Ehevorhabens unterstreichen und wird manchmal auch dazu genutzt, den Verlobten in dieser Lebensphase mehr Entfaltungsmöglichkeiten einzuräumen.

Goldschmuck und Geld als Brautgabe des Bräutigams an seine Verlobte werden in der Tradition auf ein geschmücktes Tablett gelegt und unter Musikbegleitung zum Hause der Braut gebracht. Wenige Tage vor der Hochzeit geleiten wiederum die Angehörigen der Braut die Aussteuer in das Haus des Bräutigams; die Festzüge nehmen viele Umwege, bewegen sich gemächlich und lärmend, um alle Nachbarn daran teilhaben zu lassen, welche Häuser neue Verbindungen eingehen. In den Städten sind diese Bräuche aus der Mode gekommen und werden durch andere, zuweilen anderen Kulturen entlehnte Bräuche ersetzt, die im zunehmend anonymen Lebensumfeld jedoch ähnliche öffentlichkeitswirksame Funktionen erfüllen. So sieht man zum Beispiel in Kairo statt der Brautzüge immer mehr elegante Ehepaare in blumengeschmückten Limousinen, Blechbüchsen hinter sich herscheppernd, die laut hupend und von bis zum Anschlag aufgedrehten Autotapedecks beschallt die Sayyida Zainab Moschee umkreisen. Zu diesem aufsehenerregenden Spektakel gehören mindestens ein oder zwei Kamerateams, die beauftragt sind, das Spektakel auf Videokassetten festzuhalten, die später im erweiterten, oft auf der ganzen Welt verstreuten Familienkreis verteilt werden, damit auch die entferntesten Verwandten am Hochzeitsfest teilhaben können.

Der islamische Ehevertrag ist eine zivile Vereinbarung, die durch die Unterschrift der Eheleute oder ihrer Vertreter und Zeugen Rechtskraft erlangt und eigentlich keine notarielle oder richterliche Beglaubigung benötigt, obwohl es sich in einigen Ländern eingebürgert hat, dass diese Formalität bei einem in islamischem Recht geschulten Notar durchgeführt wird. In Tunesien und der Türkei, wo die Ehe als zivile bürgerliche Institution gilt, wird auf dem Standesamt geheiratet. Nach der zivilen Trauung findet dann eine religiöse Zeremonie, meistens im Hause der Braut, statt. Ihr wesentlichster Bestandteil ist die Rezitation der *fatiha,* der Eingangssure des Koran. Diese ist Bestandteil aller Feste am Lebensweg, eine Art Formel, die die wichtigsten Abschnitte der Entwicklung, den Übergang von einer Lebensphase in die andere in einen religiösen Kontext stellt. Die Formalitäten der Eheschließung verlaufen ohne festlichen Aufwand, denn der weit wichtigere Teil der Hochzeit ist das Fest der Feste, das Hochzeitsfest, das in manchen Regionen über einen Zeitraum von drei Tagen mit höchster Intensität gefeiert wird.

*

Im Fünf-Sterne-Hotel in Giza, mit fantastischer Aussicht auf die Pyramiden, ist schon seit Stunden alles auf die Ankunft des Brautpaares vorbereitet. Allmählich fangen die geladenen Gäste an ungeduldig zu werden. Endlich meldet ein Mobiltelefon, dass das Brautpaar die Besuche im Büro des Notars und im Fotostudio erfolgreich hinter sich gebracht hat, sich gerade die letzten Kilometer durch den Feierabendverkehr kämpft und in wenigen Minuten vor dem Hotel eintreffen wird. Aus der Lethargie des Wartens entwickelt sich hektische Aktivität. Die Festgesellschaft versammelt sich in der Hotelhalle. Eine Gruppe in pastellfarbenem Tüll gekleideter Frauen organisiert eine letzte Generalprobe ihres Auftritts als Brautjungfern. Kerzen werden verteilt und noch einmal der Verlauf der Strecke besprochen, auf dem sie die Brautleute über zweihundertfünfzig Meter von der Halle in den Festsaal begleiten werden, wofür man einen Zeitrahmen von ungefähr vierzig Minuten veranschlagt hat. Ein Kamerateam nimmt mit aufwändigen Aufbauten den Raum in Beschlag und signalisiert, dass das Fest begonnen hat. Wenige Sekunden später sind alle Scheinwerfer auf den Bräutigam gerichtet, der von den Gästen mit Handschlag, Schulterklopfen und Umarmungen begrüßt wird. Doch noch bevor er die Be-

grüßungsrunde beendet hat, verkünden die Freudentriller der Frauen, dass auch die Braut den Raum betreten hat. Am Arm ihres Vaters, auf einer Empore, die über eine Wendeltreppe in den Saal führt, blickt sie durch den Schleier in die Halle. Alle Augen ruhen nun auf dem perfekten Paar, den im dunkelblauen maßgeschneiderten Anzug gekleideten Vater und seine Tochter, in einem Traum in Weiß. Die beiden haben zuvor ihren Auftritt viele Male geübt. Synchrone Bewegungen mit einer vier Meter langen Schärpe sind ein Kunststück, das niemand von Natur aus beherrscht. Dennoch besteht der Anspruch, dass jede winzigste Bewegung beim vom Hochzeitsmarsch beschallten Abstieg von der Empore in die Halle stimmt. Die perfekte Inszenierung symbolisiert den Übergang der Tochter von einer Lebensphase in die nächste beziehungsweise ihren Übergang von der Obhut eines Mannes zum nächsten, denn am Fuße der Treppe erwartet der Bräutigam die Übergabe der Braut. Nach dem gelungenen Balanceakt hebt der Vater den Schleier der Tochter und bietet seinem Schwiegersohn die Stirn seiner Tochter zum Kuss. Inzwischen haben sich die Brautjungfern mit brennenden Kerzen um das Paar gruppiert, und allmählich reihen sich auch die Gäste in den Zug, der sich unter zunehmend beschwingteren Klängen in Bewegung setzt, wobei immer wieder, auch zur Unterhaltung der neugierigen Hotelgäste, Halt für ein Tänzchen gemacht wird. Bis die Festgesellschaft den Saal erreicht hat und die Brautleute auf einem Podest in großen weinrot gepolsterten, goldverzierten Louis-quatorze-Sessel-Imitaten Platz genommen haben, ist mehr als eine Stunde vergangen.

Auch die Gäste wirken erschöpft, als sie endlich an den ihnen zugewiesenen Plätzen an runden Tischen sitzen. Erfrischungsgetränke und Süßigkeiten werden geboten, arabischer Pop schallt aus den Lautsprechern und mit großer Begeisterung belagern die Kinder die mit Diskolichtern bestrahlte Tanzfläche. Das Kamerateam widmet sich erstmals ausführlich der Aufnahme des Publikums, während dem Brautpaar, auf dem lange genug alle Augen geruht haben, we-

nige Momente Entspannung gegönnt sind, bevor es allen weiteren Anforderungen an eine moderne Hochzeit gerecht werden muss. Dazu gehören verschiedene traditionelle und moderne Tänze auf arabische und westliche Melodien. Es gilt eine vierstöckige Torte anzuschneiden und sich gegenseitig mit Süßigkeiten zu füttern, Glückwünsche und Geschenke der Gäste entgegenzunehmen und sich wieder und wieder mit Verwandten und Freunden fotografieren zu lassen. Das Hochzeitsmahl wird um Mitternacht serviert, ein üppiges Büffet, an dem die Gäste sich nach dieser langen Wartezeit mit großem Appetit und Freude bedienen. Nur die Gastgeber halten sich zurück und achten darauf, dass alle Gäste immer übervolle Teller haben. Die Brüder der Braut schneiden und verteilen unermüdlich große Scheiben vom Lammbraten und kommandieren das Hotelpersonal, mehr Brot, mit Reis gefülltes Gemüse, Getränke und alles, was sonst noch gebraucht wird, heranzuholen. Nach der Völlerei werden im Festsaal Tee und Mokka serviert, und um der nach dem Essen eintretenden Lethargie entgegenzuwirken, wird ein Unterhaltungsprogramm mit Schlagersängern und einem Kabarettisten geboten. Danach macht sich Aufbruchstimmung breit. Das Hotel liegt am äußersten Stadtrand und den meisten Gästen steht ein langer Heimweg bevor. Nach und nach verabschieden sich ältere Familienangehörige und Familien mit kleinen Kindern, während für die zurückbleibende Festgesellschaft, die sich nun größtenteils aus jüngeren Paaren und Jugendlichen zusammensetzt, bis in die Morgenstunden die Diskolichter zum Einsatz kommen.

⋆

Ein Hochzeitsfest dauert mindestens fünf Stunden und für das Ehepaar noch viel länger, denn in dieser Nacht wird noch viel von ihnen erwartet. *Dukhla* – Eintritt – heißt der Vollzug der Ehe, häufig auch als *dukhla ad-dunia*, Eintritt in die Welt, bezeichnet. Der Eintritt in die Phase sexueller Aktivität wird als Aufnahmeritual in die Erwachsenenwelt interpretiert und unterliegt, wie alle Übergangsrituale, der Kontrolle der Gemeinschaft. Im traditionellen Umfeld wird dem Paar selbst in diesen intimen Angelegenheiten wenig Privatheit zugestanden. Vielerorts ist es üblich, in der Hochzeitsnacht vor der Schlafzimmertür auf den Beweis der Jungfräulichkeit der Braut und die Potenz des Bräutigams zu warten und das blutbefleckte Laken für die Öffentlichkeit auszustellen. In Oberägypten wird in vielen Familien die Defloration sogar in Anwesenheit der weiblichen Verwandten der Braut und des Bräutigams durch die Hand einer Hebamme oder des Bräutigams vorgenommen. Im städtischen Umfeld geht man immer mehr dazu über, das Paar in der Hochzeitsnacht sich ungestört selbst zu überlassen. Übrig geblieben ist das Ritual, bei dem die weiblichen Verwandten der Braut diese in ihre neue Wohnung bis zum Schlafzimmer begleiten und sie unter einem tränenreichen Ritual vor der Tür verabschieden. Die Luxushotels in Ägypten bieten spezielle *dukhla*-Suiten an, in denen den Frischvermählten in geschmackvollem Ambiente Gelegenheit gegeben wird, sich garantiert abgeschirmt von der Außenwelt einander anzunähern. Reiche Familien spendieren den Brautleuten nach den Anstrengungen des Hochzeitsfestes anschließende Flitterwochen. Besonders beliebte Ziele sind die Ferienorte am Roten Meer, aber auch Kreuzfahrten auf dem Nil oder im Mittelmeer. Wer sich diesen Luxus nicht leisten kann, nutzt den Honeymoon, um sich in seiner neuen Rolle als Ehepartner im frisch bezogenen Zuhause einzurichten.

*

„Ein Haus bauen" beschreibt im ägyptischen Dialekt nicht nur die konkrete Errichtung eines neuen Gebäudes, sondern darüber hinaus auch die Gründung einer Familie. Schaffung von Wohnraum gehört zu den unverzichtbaren Voraussetzungen für die Schließung einer Ehe. Selbst unter bescheidensten Verhältnissen muss dem jungen Ehepaar wenigstens ein eigener Raum im Haus des Bräutigams hergerichtet werden. Ein frischer Anstrich oder der Kauf eines Ehebettes symbolisieren dann den neuen, für die Familiengründung geschaffenen Rahmen. Wenn eine Familie Land besitzt, bauen die Söhne auf dem Familiengrundstück oder sind darum bemüht, ein Baugrundstück in der Nachbarschaft der Eltern zu erwerben. Häufig sind die Häuser auch so gebaut, dass mühelos noch weitere Stockwerke daraufgesetzt werden können, damit die Familie beisammen bleiben kann. Im städtischen Umfeld ist Baufläche begrenzt und so teuer, dass sich nur wenige Menschen ein Haus leisten können. Wo keine staatliche Unterstützung für sozial Schwache vorhanden ist, entstehen Slums. Fast alle größeren Städte im Nahen Osten sind konfrontiert mit illegalen Wohngebieten, stetig wachsenden Vierteln, meistens am Stadtrand gelegen, die weder Sicherheitskriterien entsprechen noch an Infrastruktur angeschlossen sind, in denen aber immer mehr junge Familien, die sich die teuren Eigentumswohnungen nicht leisten können, sich ihr Zuhause einrichten. Mietwohnungen sind eher die Ausnahme und werden eigentlich nur als vorübergehende Wohnform akzeptiert. Die eigene Wohnung ist das Erbe, von dem jeder Vater träumt, sie seinen Söhnen auf den Lebensweg mitgeben zu können. Die eigenen vier Wände haben aber auch für Töchter großen Wert und gelten als kostspielige Investition, von der man sich erhofft, dass sie ihre Heiratschancen erhöht und ihr Rückhalt im Fall der Scheidung gibt. Es ist dennoch unüblich, dass eine alleinstehende Frau oder eine Mutter mit kleinen Kindern alleine wohnt. Frauen leben bis zu ihrer Heirat im Elternhaus und kehren im Falle einer Scheidung auch meistens wieder dorthin zurück, doch dann bietet ihnen die Wohnung zumindest eine finanzielle Sicherheit beziehungsweise eine Garantie für die Zukunft der Kinder.

Das Haus oder die Wohnung trennen öffentliche und private Sphäre und damit auch das traditionelle häusliche Umfeld der Frauen vom Wirkungsfeld der Männer. Die Wohnungen bieten ihren Bewohnern Schutz, gelten aber selbst als schutzbedürftig. Zahlreiche Bräuche sind daher darauf ausgerichtet, die Widerstandsfähigkeit des Hauses vor äußeren schlechten Einflüssen zu stärken. So ist es vielerorts üblich, einen Koran in die Grundmauern einzumauern. Wenn ein Haus bezugsfertig wird, findet ein Fest statt. Vor seinem Eingang wird ein Opfertier geschächtet, sein Blut aufgefangen und auf die Außenwand neben dem Eingang zum Schutz vor negativen Kräften aufgetragen. Das Fleisch des Opfertieres wird an alle verteilt, die am Bau des Hauses beteiligt waren, und auch die Bedürftigen erhalten ihren Anteil. Wenn zum ersten Mal ein Haus oder eine Wohnung betreten wird, achtet man darauf, die neuen Räume mit dem rechten Fuß zu betreten. Im ländlichen Umfeld ist es vielerorts üblich, dass eine Frau, die zum ersten Mal in ihre neue Wohnung geführt wird, glücksverheißende Lebensmittel mit sich bringt, wie zum Beispiel Reis, Getreide, Brot und Salz. Wie es anlässlich der meisten Feste üblich ist, gehört auch zur Einweihung eines neuen Wohnraumes das Verbrennen von Weihrauch. Vom wohlriechenden Rauch verspricht man sich, dass er böse Kräfte, Unglück, Missgunst und Neid fern hält. Unter dem ersten Inventar, das in ein Haus hineingetragen wird, soll sich unbedingt ein Koran befinden. In einer feierlichen Zeremonie wird dieser in farbenprächtige Tücher gewickelt und ins Haus getragen, während über Kassettenrekorder Koranrezitationen in einer enormen Lautstärke abgespult werden, damit auch alle in der Umgebung mitbekommen, dass neue Nachbarn die Wohnung in Besitz nehmen, die ab sofort ihrem Alltag, seinen freudigen und traurigen Ereignissen und möglichst vielen Festen und Feierlichkeiten Raum geben wird.

*

In seinem Büro in Berlin Kreuzberg stellt Volkan Coskun die am Ende eines Lebens wesentlichen Fragen: Wer ist gestorben und wann? Welcher islamischen Glaubensrichtung gehört der Verstorbene an? Hat er eine Sterbeversicherung abgeschlossen, können die Angehörigen für die Beerdigung aufkommen oder soll die Kostenübernahme für die Bestattung beim Sozialamt beantragt werden? Der Leiter der islamischen Abteilung des Bestattungsunternehmens Ahorn-Grieneisen beherrscht die perfekte Mischung aus anteilnehmender Menschlichkeit und sachlicher Kompetenz. Seinen Kunden liegt in erster Linie an einer Bestattung nach islamischem Ri-

tus, selbst wenn den Angehörigen der Verstorbenen, größtenteils die zweite Generation der türkischen Gastarbeiter, die Grundlagen einer solchen nicht mehr vertraut sind. Coskun kommt dann zunächst die Rolle zu, Schritt für Schritt zu erklären, was entsprechend dem islamischen Ritus zu tun ist, wenn jemand verstorben ist. Er stellt den Kontakt zur entsprechenden islamischen Gemeinde her, veranlasst die rituelle Waschung, das Totengebet und leitet die Formalitäten für die deutschen und türkischen Behörden ein. Die rund zweihundert muslimischen Leichen, die Coskun jährlich alleine in Berlin anvertraut werden, gehören größtenteils zur Generation der Gastarbeiter, die in den sechziger Jahren aus der Türkei angeworben wurden und ihr Leben darauf ausgerichtet hatten, eines Tages in die Heimat zurückzukehren. Für viele wird dieser Traum zumindest nach dem Ende ihres meist arbeitsreichen Lebens wahr. Nur ungefähr vierzig Bestattungen, das sind rund zwanzig Prozent aller Aufträge in Berlin, finden im islamischen Teil des Landschaftsfriedhofes in Berlin-Gatow statt. Volkan Coskun berichtet, dass der Anteil der Überführungen bis in die neunziger Jahre noch nahezu fünfundneunzig Prozent betragen habe. Seiner Meinung nach sei die Entscheidung für ein Grab in Deutschland nicht nur eine Generationsfrage, sondern korrespondiere vor allem mit dem Angebot einer an den islamischen Grundregeln orientierten Bestattung. In den letzten zehn Jahren seien die meisten Fragen, wie islamische Bestimmungen mit der deutschen Friedhofsordnung in Übereinstimmung gebracht werden können und umgekehrt, weitgehend geklärt worden. Lösungen, wie sie zum Beispiel in Berlin gefunden wurden, werden inzwischen bundesweit praktiziert. Dabei stellt das eigentliche Bestattungsritual nicht das Problem dar. Auf dem Friedhof in Gatow stehen inzwischen drei Räume für die rituellen Waschungen zur Verfügung, das Bestattungsunternehmen verfügt außerdem über Räumlichkeiten, in denen die öffentliche Aufbahrung zum Totengebet möglich ist. Die Gräber der islamischen Sektion entsprechen den in der Tradition vorgeschriebenen Maßen, sind nach Mekka aus-

gerichtet und von nichtmuslimischen Grabsektionen abgegrenzt. Mit der Friedhofsverwaltung wurden Vereinbarungen getroffen, die den Angehörigen die Gelegenheit geben, in der Tradition der Heimatländer den Sarg persönlich zu Grabe zu tragen und das Grab eigenhändig zuzuschaufeln – Handhabungen, die unter Berufung auf versicherungstechnische Gründe bislang nicht zugelassen waren. Kompromisse mussten aber auch von islamischen Institutionen eingegangen werden. Seit 1986 verfügt ein islamisches Rechtsgutachten aus Pakistan, dass Bestattungen in Särgen, wie sie in Deutschland durch das Friedhofsgesetz vorgeschrieben sind, auch islamisch statthaft sind, wenn die Leiche im Sarg nach islamischen Vorschriften in ein weißes nahtfreies Leinentuch gehüllt ist. Seitdem hat sich der Sarg auch in der Türkei durchgesetzt und wird in der ländlichen Türkei, nach Aussagen von Coskun, ähnlich wie der Mercedes sogar als Statussymbol der verstorbenen, in die Heimat zurückkehrenden Gastarbeiter betrachtet.

Ungelöst sind bislang die Bestimmungen über die Belegzeit der Gräber. Auf islamischer Grundlage gilt ein Grab auf ewig unantastbar, womit auch eine Mehrfachbelegung ausgeschlossen ist. In Deutschland kann die Belegzeit auf Friedhöfen aber nur begrenzt erworben werden. Das noch größere Problem stellt die Vorschrift der achtundvierzig Stunden währenden Wartezeit dar, bevor eine Beerdigung eingeleitet werden darf. Nach islamischer Tradition soll der Verstorbene noch am Tag seines Todes vor Sonnenuntergang bestattet werden; nur wenn der Tod spätnachmittags oder abends eintritt, kann die Beerdigung auf den nächsten Morgen verlegt werden. Eine Überführung löst zwar das Problem der begrenzten Belegzeit, die Wartezeit aber kann dadurch nicht verringert werden, sondern verlängert sich im Gegenteil durch die zahlreichen Behördengänge, die für die letzten Reisepapiere am Ende des Lebens erforderlich sind.

Coskun hofft in absehbarer Zeit über gemeinsame EU-Regelungen auf Reformen im Bereich islamischer Bestattungen. Er setzt vor allem auf die Möglichkeit der Privatisierung von

Friedhöfen und damit die Schaffung von islamischen Friedhöfen, die unter gemeinsamer Verwaltung von islamischen Gemeinden und Bestattungsunternehmen explizit auf die Erfordernisse des islamischen Ritus ausgerichtet werden. Auch damit könnten zwar keine gesetzlich vorgeschriebenen Regelungen wie die achtundvierzig Stunden Wartezeit umgangen werden, eine Lösung bezüglich der unbegrenzten Belegzeit wäre aber damit gefunden und ein gesicherter Platz für die Toten geschaffen, die zu Lebzeiten nicht oft zu spüren bekamen, dass sie in Deutschland zu Hause sind.

*

Die ersten Worte, die ein Muslim hört, wenn er auf die Welt kommt, sind auch die letzten, wenn er diese für immer verlässt. Noch am Sterbebett wird ihm die *fatiha* wieder und wieder vorgetragen und zum letzten Mal am offenen Grab rezitiert, bevor es mit Erde bedeckt wird:

> Im Namen des barmherzigen und gnädigen Gottes. Lob sei Gott, dem Herrn der Menschen in aller Welt, dem Barmherzigen und Gnädigen, der am Tag des Gerichts regiert! Dir dienen wir, und dich bitten wir um Hilfe. Führe uns den geraden Weg, den Weg derer, denen du Gnade erwiesen hast, nicht den Weg derer, die dem Zorn verfallen sind und irregehen!

Die erste Sure des Koran gilt neben dem islamischen Glaubensbekenntnis als der wichtigste Bestandteil der Glaubensprüfung nach dem Tode, die die Engel Munkar und Nakir den Toten im Grabe abverlangen. Wer die *fatiha* nicht bis über den Tod hinaus verinnerlicht hat, muss mit harten Strafen bis zum Tag des Jüngsten Gerichtes rechnen und darf danach das Paradies nicht betreten. Erst wenn der tote Körper unter der Erde liegt, wird den Angehörigen das Beileid ausgesprochen. Männer umarmen einander und küssen sich links und rechts, Frauen küssen die Stirn der weiblichen Verwandten des Verstorbenen. Weil Leben und Tod Gottes Entscheidungen sind, sollen diese aus religiöser Perspektive mit Fassung aufgenommen werden. „Möge Gott dir Stärke geben", wünscht man in diesem Sinne den Hinterbliebenen. Trauer wird jedoch als genuin menschliche Schwäche betrachtet und unter Frauen regelrecht kultiviert. Der Schmerz über den unfassbaren Verlust wird durch das Zerreißen der eigenen Kleider, Schläge auf die Brust, Zerraufen der Haare, Beschmutzen des Gesichtes und das gemeinsame Beweinen durch die Klageweiber zum Ausdruck gebracht. Frauen nehmen in der Regel nicht an Beerdigungen teil, sondern besuchen das Grab zum ersten Mal erst am Morgen danach. Blumen auf dem Friedhof sind in den meisten Ländern nicht üblich, die Gräber sind schlicht, vielerorts ohne Einfassung und lediglich mit einem Täfelchen markiert, das gerade so groß ist, dass Name und Sterbedatum darauf eingraviert werden können. In vielen Ländern tragen diese Steinmarkierungen keine Inschriften, um anzuzeigen, dass irdische Werte, die den Menschen zu Lebzeiten unterscheiden, nach dem Tode nicht mehr von Belang sind. In anderen Ländern sind die Gräber einen halben Meter hoch gemauert und mit Marmorplatten eingefasst, und die häufig mit Koranversen oder Schmuckelementen verzierten Grabsteine geben Auskunft über die Abstammung des Verstorbenen und zuweilen durch Zunftzeichen, wie es in der Türkei üblich ist, auch über seinen Beruf. In Anatolien sind in die Grabplatten Wasserbehältnisse eingemauert, in denen sich das Regenwasser sammelt, um damit zur Freude der Toten und der Trauernden Vögel anzulocken.

Am Abend der Beerdigung findet ein Essen statt, das von Nachbarn und Freunden der Familie zubereitet wird. Um das Abendessen am darauffolgenden Tag kümmern sich die Angehörigen, es wird aber nicht im Haus des Verstorbenen zubereitet. Je nach Größe der Familie oder Status des Verstorbenen finden mehrere Hunderte von Menschen zu diesen Traueressen zusammen, die noch einen Monat lang an jedem Donnerstagabend und dann in Jahresabständen jeweils zum Todestag wiederholt werden. In ländlichen Gebieten nimmt zuweilen das gesamte Dorf daran teil, um auszudrücken, dass die Angehörigen mit ihrer Trauer nicht alleine sind. Exilgemeinden im Ausland und Emigrantenfamilien, die aufgrund der Landflucht in den großen Städten getrennt von ihrem sozialen Umfeld leben, haben Zentren gegründet, die Hinterbliebenen im Trauerfall beistehen. Weil die Kosten für die aufwändigen Traueressen meistens von einer Familie alleine nicht zu tragen sind, legt die Gemeinschaft zusammen beziehungsweise trägt jeder etwas dazu bei. Wenn die Räumlichkeiten dem Besucherandrang nicht gewachsen sind, werden Zelte vor dem Haus des Verstorbenen aufgebaut und Stühle angemietet. Wer immer den Verstorbenen gekannt hat, stattet den Angehörigen in den ersten Tagen einen Kondolenzbesuch ab. Tagsüber kommen die Frauen, abends und bis spät in die Nacht die Männer. Den Besuchern wird schwarzer, ungesüßter Kaffee und Zigaretten angeboten. Einen Monat lang werden täglich die Gräber besucht und dort an die Armen Früchte und Gebäck verteilt; in einigen Ländern verbringen die Trauernden Stunden auf den Friedhof, sprechen Gebete oder lassen Koranrezitationen abhalten. Im Volksglauben gelten die ersten vierzig Tage nach dem Tod als transitorische Phase, in der Körper und Seele des Verstorbenen Transformationsprozesse durchlaufen und die Seele auf die Unterstützung der Angehörigen um Gottes Gnaden angewiesen ist. Einen Monat nach der Beerdigung, wenn der fortgeschrittene Verwesungsprozess eingesetzt hat, ist auch die Seele nicht mehr länger aktiv, sondern befindet sich unter Gottes Obhut in einem passiven Stadium in Erwartung des Tages des Jüngsten Gerichts. Einzig Märtyrern und unschuldigen Kinderseelen ist es vergönnt, unmittelbar nach ihrem Tode das Paradies zu betreten.

Am vierzigsten Tag findet nochmals ein Abendessen zu Ehren des Verstorbenen statt, zu dem seine Lieblingsspeisen zubereitet werden. Damit ist die erste strenge Trauerphase, in der die Angehörigen nach Möglichkeit das Haus nicht verlassen und Männer sich nicht rasieren, abgeschlossen. Islamische Quellen schreiben nur eine Trauerzeit von drei Tagen vor – demnach könnte ein Witwer unmittelbar nach dem Tod seiner Frau eine weitere Ehe eingehen. Witwen ist, um eine eventuelle Schwangerschaft ausschließen zu können, eine Wartezeit von vier Monaten und vier Tagen auferlegt. Tatsächlich wird aber eine Trauerzeit von mindestens einem Jahr praktiziert, in der in der gesamten näheren Verwandtschaft keine Hochzeiten gefeiert werden, die Angehörigen schwarze oder weiße Trauerkleidung tragen, auch nicht an anderen Festen teilnehmen und sich sämtliche Süßigkeiten des Lebens versagen. Damit die kleinen Kinder nicht so schwer daran zu tragen haben, werden sie anlässlich des Opferfestes und des Festes am Ende des Ramadhan von den Nachbarn mit Festspeisen und Gebäck versorgt. Diese Verhaltensnormen haben keine religiöse Grundlage, wonach vielmehr das Fügen des Menschen in sein durch Gott vorgegebenes Schicksal und damit verbunden die Bereitschaft des Loslassens vom Verstorbenen erwartet wird. Eine intensiv durchlebte Trauerzeit wird vom Gläubigen aber auch als Erkenntnisprozess interpretiert, bei dem es vor allem darauf ankommt, sich der eigenen Sterblichkeit bewusst zu werden und sein vergängliches Leben auf Erden so auszurichten, dass es nach dem Tode vor Gottes Augen Bestand hat.

2. Kapitel

Auf gottgerechten Wegen – Die Feste der Offenbarung

An zwei Festen des islamischen Kalenders steht die Offenbarung im Mittelpunkt. Das Fest der *lailat al-qadr*, der Nacht der Göttlichen Allmacht, erinnert im letzten Drittel des Ramadhan an das Berufungserlebnis Muhammads, der in einer Vision seine erste Botschaft Gottes an die Menschen erkennt. Zwei Monate zuvor, am siebenundzwanzigsten Tag des Monats Radjab wird mit *lailat al-mi'radj* die Himmelsreise des zum Propheten Auserwählten gefeiert. In irdische Sphären zurückgekehrt, berichtete er den Menschen von seiner Begegnung mit dem Schöpfer.

Zwischen beiden Ereignissen, der ersten Offenbarung im Jahre 620 und der Himmelfahrt, die sich unmittelbar vor der *hidjra,* der Auswanderung der Urgemeinde von Mekka nach Medina ereignete, liegen zwölf Jahre. Die mekkanische Phase gilt als Zeitraum der Ausbildung der Glaubensinhalte, die nach der Auswanderung die erste und wichtigste Grundlage für alle Lebensbereiche der von Muhammad geleiteten Gemeinschaft der Gläubigen in Medina wurde. Mit der festlich zelebrierten Erinnerung an die Offenbarungen stellen sich die Gläubigen in die Tradition des Propheten und der Urgemeinde und erhoffen dadurch ähnliche, durch den Propheten vermittelte Leitung und Nähe zu Gott zu erfahren.

Mystische Ausrichtungen des Islam begreifen die Möglichkeiten der Annäherung an Gott als rein spirituelle Erfahrung, während die orthodoxen Schulen die Kommunikation zwischen Gott und dem Propheten als konkretes Ereignis, allerdings in einer außerordentlichen, vom menschlichen Verstand nicht nachvollziehbaren Form definieren. Dementsprechend vielfältig wird in den Festen der Offenbarung die spirituelle Sehnsucht zum Ausdruck gebracht. Viele Gläubige ziehen sich in dieser Zeit für eine Weile aus dem Alltag zurück, um alleine oder in der Gemeinschaft Gleichgesinnter zu meditieren. Auch das Fasten wird als Möglichkeit gesehen, um von weltlichen Dingen Abstand zu erhalten und sich Gott anzunähern. Andere verbringen die Festnächte in den Moscheen oder auf hohen Aussichtsplätzen, um dem Schöpfer aller Dinge auch physisch so nahe wie möglich zu rücken. Im Volksglauben weit verbreitet ist die Vorstellung, dass es in den Heiligen Nächten für wenige Augenblicke, in denen Gott die Himmelstore öffnet, möglich ist, das Paradies zu schauen. Wem diese Perspektive zuteil wird, glaubt sich keine Sorgen über die Zukunft mehr machen zu müssen, weil er ja bereits zu Lebzeiten seinen Platz nach dem Tode gesehen hat. Wem es überzeugend gelingt, solch himmlische Einsichten zu beschreiben, genießt auch im irdischen Umfeld viele Freuden durch neue Freunde, die sich durch die Nähe zu einem Auserwählten erhoffen, am göttlichen Segen teilzuhaben. Allen weniger Privilegierten ist zumindest die Vergebung der im vergangenen Jahr begangenen Sünden in Aussicht gestellt. Und weil der Koran von der Nacht der Göttlichen Allmacht als einer Nacht spricht, die segensreicher als tausend gewöhnliche Monate ist, rechnen die Gläubigen mit einer besonders hohen Wahrscheinlichkeit für die Erfüllung aller in dieser Nacht an Gott gerichteten Bitten und Wünsche. Als himmlisches Geschenk gilt, wenn die Heiligen Nächte die persönliche Biographie kreuzen. Jungen, die an der Nacht der Göttlichen Allmacht oder an Himmelfahrt Geburtstag haben, nennt man bevorzugt Ramadhan oder Mi'radj, Mädchen Laila, um der ganzen Welt anzuzeigen, dass dies Gottes Lieblinge sind. Selbst wem zu diesem Zeitpunkt die letzte Stunde geschlagen hat, gilt noch als Glückspilz, denn wer in einer der Heiligen Nächte die Welt verlässt, betritt auf direktem Wege das Paradies und muss nicht wie Normalsterbliche bis zum Jüngsten Tag im Grabe verweilen.

Während *lailat al-qadr* in der gesamten islamischen Welt gefeiert wird, ist *lailat al-mi'radj* nicht überall ein Fest, weil in den islamischen Quellen nicht überliefert ist, dass der Prophet ein solches je zelebriert hätte. Deswegen wird das Feiern der Himmelfahrt von einigen islamischen Religionsgelehrten als *bi'da,* als religiös unstatthafte Neuerung, abgelehnt. Vielerorts aber werden beide Gelegenheiten ohnehin wenig religiös, sondern mit ausschweifender Verknüpfung an weltliche Freuden begangen. Dann zieht das Innere der Häuser auf das Äußere der Dächer, wo Familien üppige Mahlzeiten zubereiten und essen und die Nacht bei Musik und Tanz verbringen. Moscheen sind grellbunt illuminiert und Feuerwerk verziert den Himmel. In den Straßen und Gassen, die zu den Moscheen führen, werben Händler für Festsonderangebote, bieten Gaukler und Musikanten Kontraste zum spirituellen Unterhaltungsangebot, und kein Bettler des Landes lässt sich die Gelegenheit entgehen, um für mildtätige Gaben zur Ehre des Allmächtigen und seines Propheten zu bitten.

*

Wer sich um den zwanzigsten Tag des Fastenmonats darauf vorbereitet, das letzte Drittel des Ramadhan in religiöser Abgeschiedenheit zu verbringen, trägt nur wenig Gepäck aus dem irdischen Alltag in die spirituelle Abgeschiedenheit der Moscheen. Zur Grundausstattung für die *i'tikaf*-Meditation gehören ein Gebetsteppich und der Koran, Wäsche, eine Decke und Nahrungsreserven. Alles wird mit den anderen Gläubigen geteilt. Zehn Tage lang leben und schlafen die Männer in einem Raum, beten und fasten zusammen. Nach Sonnenuntergang wird das gemeinsame Fastenbrechen im Hof oder Vorgarten der Moschee abgehalten. Dort überreichen die Kinder den Männern die zu Hause zubereiteten Mahlzeiten. Nach dem Essen finden Koranrezitationen und zusätzliche Gebete statt. In den großen Moscheen werden tagsüber religiöse Vorträge oder Schulungen angeboten. Nachmittags unterhalten sich die Männer über Gott und die Welt, obwohl *i'tikaf* bedeutet, in jeder Hinsicht Abstand zu den profanen Angelegenheiten des Lebens zu wahren. Streng genommen sollte nicht einmal der Besuch eines Kranken oder die Teilnahme an der Beerdigung eines Verwandten die zehn Tage währende Klausur unterbrechen. Moderne Auslegungen der Quellen gestehen den Gläubigen der Gegenwart jedoch ein gewisses Maß an Kontakten zur

Außenwelt zu und berufen sich dabei auf die Praxis des Propheten, von dem überliefert ist, dass er regelmäßig die Meditation unterbrochen hat, um das Bad in seinem Haus aufzusuchen, und bevor er sich wieder in die Abgeschiedenheit zurückzog, seine Frauen zum Abschied geküsst haben soll. In Orientierung an der Prophetenpraxis kann, auf zeitgemäße Verhältnisse übertragen, ein Unternehmer auch aus der Abgeschiedenheit der Moschee Anweisungen zur Weiterführung seiner Geschäfte geben; es wird ihm aber empfohlen, in dieser Zeit zumindest von der Überprüfung der Abrechnungen Abstand zu nehmen. Auch der Einsatz eines Arztes bei einem Notfall mache den *i'tikaf* durch die kurzzeitige Unterbrechung nicht ungültig. Küsse in einer Phase spiritueller Kontemplation, da sind die Rechtsschulen sich durchgehend einig, sind während des *i'tikaf* ausschließlich dem Propheten vorbehalten, und orthodoxe Religionsgelehrte beharren ohnehin darauf, dass die Voraussetzungen für die Abgeschiedenheit nur dann vollkommen erfüllt sind, wenn nicht einmal ein Gedanke das Gotteshaus verlässt.

Die religiöse Meditation zum Ende des Ramadhan zählt nicht zu den Pflichten der Muslime, wird jedoch in der Nachahmung der Tradition des Propheten als religiös besonders verdienstvoll angesehen. Dieser hatte sich regelmäßig zur Meditation in eine Höhle auf den Berg Hira' bei Mekka zurückgezogen, wo ihm die erste Offenbarung zuteil wurde. Dem Vorbild des Propheten entsprechend, sollte sich in jeder Gemeinde mindestens ein Mitglied für die gesamte Gemeinschaft der Gläubigen in die Abgeschiedenheit begeben. Diese Form des stellvertretenden *i'tikaf* findet heute insbesondere im europäischen oder amerikanischen Ausland Anwendung. Damit ist auch allen, die in ihrem Alltag, ihrer Ausbildung und ihrem Berufsleben auf wenig Verständnis für praktizierten Islam stoßen, die Möglichkeit gegeben, von der Segenskraft der religiösen Meditation zu profitieren.

In Ägypten ist es Staatsangestellten per Gesetz garantiert, sich im letzten Drittel des Ramadhan beurlauben lassen zu können. Allerdings sind die Moscheen seit der von Präsident

Sadat eingeführten Bestimmung, dass für *i'tikaf* nicht mehr Sonderurlaub gewährt, sondern regulärer Urlaub genommen werden muss, weit weniger überlaufen. Ganz anders in Pakistan. Wer in Karatschi, Lahore oder Peschawar das Bedürfnis nach Abgeschiedenheit verspürt, lässt auch ohne Ankündigung den irdischen Alltag hinter sich. Den Schulen, Universitäten und Behörden steht dann nicht mehr ausreichend Personal zur Verfügung und das gesamte öffentliche Leben kommt zum Stillstand. Obwohl bekannt ist, dass viele Pakistaner heute die Endphase des Ramadhan eher zu Hause als in der Moschee verbringen, hat die Regierung unter Verweis auf Rücksichtnahme gegenüber religiösen Bedürfnissen bislang auf einschreitende Maßnahmen verzichtet.

*

Rund eineinviertel Stunden nach Sonnenuntergang ist die Zeit für 'ischa', *das letzte der fünf Pflichtgebete des Tages, dem sich im Ramadhan ein zusätzliches freiwilliges Gebet anschließt. Oft zieht sich das so genannte* tarawih *über Stunden hin, und die Fähigkeit des Imam, die Konzentration der Gläubigen über solch einen langen Zeitraum zu binden, entscheidet darüber, wie voll oder leer die Moscheen sind. Berühmte Koran-Rezitatoren wie Muhammad Gibril gehen während des Ramadhan auf Tournee durch die islamische Welt. Gerade ist er von einer Rundreise durch Amerika und mehreren arabischen Ländern des Nahen Ostens nach Ägypten zurückgekehrt, um die zehn letzten Tage des Ramadhan und die wichtige Nacht der Göttlichen Allmacht in seiner Heimat zu verbringen.*

In diesen Nächten sind Tausende von Menschen unterwegs, um sich von der „Engelsstimme" des siebenundvierzigjährigen Juristen in eine spirituelle Welt einladen zu lassen. Die traditionsverhaftete Generation und die neue Elite, Alt und Jung, Schüler, die ihre Großeltern begleiten, Säuglinge auf dem Arm ihrer Eltern, die dicht verschleierten Frauen und die jungen Mädchen, die sich erstmals und nur für diese Gelegenheit ein Kopftuch von ihren Müttern geliehen haben, sie alle sind in diesen Nächten unterwegs, um das gesellschaftliche Ereignis nicht zu versäumen. Die 'Amr ibn al-'Ass-Moschee vermag den Ansturm der Gläubigen kaum mehr zu fassen, und so weisen vor ihren Toren Planen und Teppiche den Platz unter freiem Himmel als zusätzlichen Gebetsraum aus. Das Geheimnis des Rezitators, der durch zahlreiche Fernsehauftritte, Kassetten- und CD-Einspielungen weit über die arabische Welt hinaus Ruhm erlangt hat, mag zum einen im Wohlklang seiner Stimme liegen, zum anderen in einer ungewöhnlichen Kombination verschiedener Techniken der Rezitation, jedoch vor allem in seiner Botschaft. Muhammad Gibril, einst aktives Mitglied der Muslimbruderschaft, hält am Ideal des Panislamismus, dem verbindenden Element der umma, der islamischen Gemeinschaft, fest, betont aber, dass ein wirkungsvoller Zusammenhalt nur über gewaltfreie Mittel zu erreichen ist. Immer wenn das Gebet eine Pause für eine Fürbitte erreicht, die direkt an Gott gerichtet ist, mahnt der Rezitator, das Leid der Glaubensbrüder in Palästina, Afghanistan und dem Irak in Erinnerung zu behalten, und erinnert an die Verpflichtung der Muslime, sich gemeinsam gegen Verfolgung, Unterdrückung und gegen Krieg einzusetzen. Muhammad Gibril besitzt die Fähigkeit, diesen Appellen eine solche Intensität zu verleihen, dass eine einzige Fürbitte oftmals bis zu einer Stunde andauert, bis endlich die Menge Tränen und Ausbrüche des Mitgefühls wieder unter Kontrolle hat. Wenn am Ende der Koranlesung das Gebet mit der zweimal wiederholten Formel salamu'alaikum wa rahmatullah! – Friede sei mit euch und der Segen Gottes – abgeschlossen wird, verweilen die Gläubigen für einige Momente in der eingetretenen Stille. Dieser Moment wird im Volksmund in Verehrung des Meisters „Engelsflügelschlag“ genannt, denn der Name Gibril ist die arabische Entsprechung für Gabriel, den Erzengel, der dem Propheten die göttlichen Offenbarungen übermittelt hat.

Einen Flügelschlag später erhebt sich die Menge, drängelt den Ausgängen zu. Die Kinder, die während des Gebetes eingeschlafen sind und nun wachgerüttelt werden, beginnen zu *quengeln. Die Familienmitglieder, die nach Frauen und Männern getrennt gebeten haben, rufen einander und machen sich gemeinsam auf den Heimweg.*

*

Das genaue Datum der ersten Offenbarung ist nicht zu rekonstruieren, doch man vermutet, dass sich die Nacht der Göttlichen Allmacht in einer der letzten zehn Nächte des Monats Ramadhan im Jahre 610 ereignet hat. Deswegen empfehlen Religionsgelehrte das gesamte letzte Drittel des Ramadhan zu durchwachen, wobei die ungeraden Nächte für geeigneter für Gottes Zeichen in der *lailat al-qadr* gehalten werden als die geraden. Im jeweiligen Volksglauben verwurzelt, haben sich die unterschiedlichsten Methoden entwickelt, um den Moment, der die Zuwendung Gottes an die Menschheit durch ein sich jährlich wiederholendes ähnliches Wunder bestätigt, auf keinen Fall zu verpassen. In Oberägypten versucht man, den entscheidenden Moment durch einen speziellen Wassertest zu ermitteln, nach dem sich Salzwasser in Süßwasser verwandelt. In Indonesien glaubt man wiederum als Zeichen für Gottes Allmacht die Ehrerbietung der Bäume zu erkennen, die sich in dieser Nacht aus Respekt vor dem Schöpfer aller Dinge in Richtung Mekka verneigen.

*

In der *lailat al-qadr* kann man sich in Jerusalems Altstadt nur in eine Richtung fortbewegen. Tausende von Menschen strömen zur überfüllten Aqssa-Moschee. Vor den niedrigen, schmalen Toren zum Moscheengelände werden sie von israelischen Soldaten und palästinensischen Moscheewächtern kontrolliert. Bald ist das Gelände überfüllt und die Gläubigen werden angewiesen, sich außerhalb der Moscheenmauern Platz für das im Ramadhan zusätzliche sechste Gebet des Tages zu suchen. In der *schari' as-silsila,* der Kettenstraße, sind die Gebetsteppiche nebeneinander in Reih und Glied gen Mekka ausgerichtet. Die Gassen sind so schmal, dass die Betenden sich unmittelbar vor den Stiefelspitzen der in der gesamten Stadt positionierten, mit Maschinengewehr bewaffneten Soldaten zum Gebet verneigen. Auch die Dächer sind von Menschenmassen belagert, Großfamilien und die Nachbarschaft finden zueinander. Am Tag zuvor hat in den meisten Haushalten Großreinigung stattgefunden, denn in der *lailat al-qadr* wird himmlischer Besuch erwartet. Nach den im Volksglauben entwickelten Vorstellungen entsendet Gott in den Heiligen Nächten seine drei Erzengel, um den Menschen Heil und Segen zu überbringen. Jedem der Erzengel unterstehen siebzigtausend weitere Engel, von denen jeder Einzelne noch einmal so viele Flügelwesen befehligt. Die himmlischen Heerscharen sind beauftragt, alle Häuser der Muslime zu besuchen; nur solche, in denen Alkohol konsumiert wird, Götzenbilder verehrt oder die im Islam als unrein geltenden Hunde oder Schweine gehalten werden, sollen sie aussparen. Dort wo die Engel schlafende Menschen antreffen, haben sie nichts weiter zu tun, als leise einzutreten und ihren Friedensgruß zu hinterlassen, aber überall dort, wo Engel wachenden und betenden Menschen begegnen, fühlen sie sich wohl und halten sich gerne und lange auf, weil sie sich in Gesellschaft derjenigen befinden, die später mit ihnen das Paradies bewohnen werden. Und in Jerusalem und an vielen anderen Orten, wo *lailat al-qadr* die Nacht zum Tage verwandelt, erwartet man den Besuch der zukünftigen Nachbarn mit großer Sehnsucht.

*

Muhammads Botschaft von einer Existenz nach dem Tod und paradiesischen Belohnungen für alle, die ihr Leben nach den Gesetzen des einen und einzigen Gottes ausrichten, war zunächst bei der Mehrheit der polytheistischen Mekkaner auf Skepsis und Ablehnung gestoßen. Die neue Lehre, die den Zusammenhalt der Glaubensgemeinschaft über das etablierte System von Stammesloyalitäten stellt und sich für die Schwachen und Unterdrückten engagiert, erschien wie ein Infragestellen aller Grundlagen, auf denen die Vormachtstellung Mekkas als Begegnungs- und Kultstätte für die Karawanen, die auf dem Weg in den Irak, nach Syrien und Palästina durch den Süden Saudi-Arabiens zogen, gründete. Unter dem Druck der nach Norden expandierenden Südaraber hatten sich die Stämme Zentralarabiens stärker zusammengeschlossen, und die Oase entwickelte sich zum politischen, wirtschaftlichen und kulturellen Zentrum der gesamten Region. Mittelpunkt von Mekka war *al-ka'ba*, der Heilige Schrein, mit dem von vielen Religionen verehrten schwarzen Stein, der später auch vom Islam als religiöses Kultzentrum übernommen wurde. Um das Heiligtum organisierten die Mekkaner in regelmäßigen Abständen große Märkte und Messen, auf denen sich Menschen verschiedenen Glaubens und unterschiedlicher Herkunft begegneten, die sonst Hunderte oder Tausende von Kilometern trennten. An diesem Ort trafen im Schutz der Heiligen Monate, in denen jegliche Auseinandersetzungen zurückgestellt werden sollten, Händler, Handwerker und Rohstofflieferanten zusammen, tauschten die großen Gelehrten ihre Erkenntnisse aus, wurden Schutz-, Handels- und Heiratsverträge abgeschlossen. Muhammad, der selbst als Kaufmann tätig war, hatte hier seine ersten Kontakte zu Christen und Juden, setzte sich bereits in Jugendjahren mit monotheistischen Glaubensgrundsätzen auseinander und nutzte später die Heiligen Monate, um die Besucher aus aller Welt für den Islam zu gewinnen.

Als Muhammad zunehmend auch Anhänger außerhalb der in Mekka ansässigen Stämme gewann und die Mekkaner befürchteten, dass sich diese mit Muhammad gegen sie verbünden könnten, verstärkten sie die Repressionen gegen die ersten Muslime in Mekka, von denen einige ins christliche Äthiopien flohen. Wahrscheinlich hat sich die Himmelfahrt in einer der angespanntesten Phasen des Wirkens Muhammads ereignet, in der er auch vor seiner eigenen Anhängerschaft erheblich unter Legitimationsdruck gestanden ist. Der Koran in Sure neunundzwanzig Vers fünfzig gibt Aufschluss darüber, dass sowohl Gegner als auch die Zweifler aus den eigenen Reihen Beweise für Muhammads göttliche Sendung forderten: „Und sie sagen: Warum sind denn auf ihn zur Bestätigung seiner Sendung keine Zeichen von seinem Herrn herabgesandt worden?"

Mehrmals wird im Koran darauf hingewiesen, dass Muhammad als gewöhnlichem Menschen nicht die Fähigkeit gegeben ist, Wunder zu wirken; auch wenn frühere Propheten wundersame Taten als Beweise ihres göttlichen Auftrags vollbrachten, so sei es ihnen dennoch nicht gelungen, diejenigen zu überzeugen, die nicht glauben wollten. Im Gegensatz zu neuzeitlich christlich geprägten Vorstellungen vom Wirken Gottes hinter oder in den Naturgesetzen wird nach islamischen Glaubensvorstellungen alles Geschehen unmittelbar auf Gott zurückgeführt, der in jedem Moment den Kosmos nach seinem Willen gestaltet. Das, was für die Menschen wie eine Gesetzmäßigkeit aussieht, ist nach dem islamischen Modell nur eine Gewohnheit Gottes, der den Menschen eine gewisse Kontinuität zugesteht, an der sie sich orientieren können. Eine Unterbrechung dieser Regelmäßigkeit mag dem an Gottes Allmacht nicht gläubigen Betrachter wie ein Wunder erscheinen, ist aber in der Natur genauso normal wie alles andere, was in jedem Moment einzig und alleine von Gott gelenkt wird. Zeichen Gottes, wie sie laut Koran sich in der Schöpfung, aber auch in der Herabsendung des Koran, der Himmelfahrt und in der Kommunikation und Begegnung zwischen Muhammad und Gott offenbaren, sind nach diesem Verständnis nicht als ein unbegreifbares Wunder aufzufassen, sondern als außerordentliches theologisches Argument für die Existenz Gottes und seine Zuwendung zur Welt.

Mit der Himmelfahrt haben die Zweifler schließlich das erhalten, wonach sie gefragt hatten, und dennoch hatte ihnen das eingeforderte Wunder, wie es vorausgesagt worden ist, nicht geholfen, an das zu glauben, woran sie nicht glauben wollten. Der Koran erklärt diesen Unwillen mit Unvermögen. Die ungläubigen Mekkaner konnten nicht glauben, weil Gott sie nicht glauben ließ. Und so waren es, weil die Mehrheit der Mekkaner oder Gott es so wollte, nicht mehr als fünfundvierzig Mitglieder der neuen Religionsgemeinschaft, die mit Muhammad nach Medina übersiedelten und dort die erste islamische Gemeinde gründeten, die von Muhammad als religiöses und politisches Oberhaupt geleitet wurde. Das Ereignis der Himmelfahrt mag die überwiegend jungen, wohl situierten Menschen in ihrem Beschluss bestärkt haben, bisherige Werte und Bindungen ihres sie nicht mehr zufrieden stellenden Alltags in Mekka aufzugeben und jemandem zu folgen, der ihnen einen überzeugenderen Weg für ein heilvolles Leben gewiesen hat.

*

Der ersten Offenbarung in der *lailat al-qadr* folgten über einen Zeitraum von ungefähr dreiundzwanzig Jahren weitere göttliche Verkündungen, die Muhammad in seinem Wirken als von Gott eingesetzten Propheten legitimierten und ihn in seiner Aufgabe als Leitfigur der neuen Religionsgemeinschaft bestätigten. Die erste göttliche Handlungsanweisung empfing Muhammad im Alter von vierzig Jahren durch den Erzengel Gabriel in menschlicher Gestalt, später erreichten ihn auch Offenbarungen in anderer Form, die in den Überlieferungen der Worte und Taten des Propheten als nicht genau definierbare Geräusche beschrieben werden. Sie ähnelten dem schrillen Läuten einer Glocke, dem Summen eines Bienenstockes oder dem Aufeinanderschlagen von Metall. Gott teilt sich dem Menschen nicht direkt, sondern über eine Art Code mit, zu dessen Entschlüsselung alleine der zum Propheten Auserwählte befähigt war, die er aber anfangs nicht willentlich und sogar gegen körperlichen Widerstand vollzog. In dem Moment, in dem die Schmerzen nachließen und Muhammad aus der Ekstase auftauchte, erschloss sich ihm die Gottesbotschaft in deutlicher arabischer Sprache, die er wortgetreu weitergab und die später als Gottes unvergängliches Wort im Koran schriftlich fixiert wurde. In diesem Sinn gilt den Gläubigen der Koran als für alle Zeit unabänderliche, göttliche Ordnung, welche sämtliche religiösen, juristischen, sozialen und politischen Rahmenbedingungen des Lebens innerhalb der islamischen Gemeinschaft definiert. Alle persönlichen und gesellschaftlichen Handlungen haben sich an diesen Vorgaben zu orientieren, und wer nicht bereit ist, sein Leben in diesen Rahmen zu stellen, hat nach religiösem Verständnis sowohl in dieser als auch in der jenseitigen Welt die Konsequenzen für sein Verhalten zu tragen.

Nach theologischem Verständnis liegt die Besonderheit der Nacht der Göttlichen Allmacht nicht allein darin, dass sich in ihr die erste einer Reihe von Offenbarungen ereignete. *Lailat al-qadr* wird gefeiert, weil angenommen wird, dass in dieser Nacht bereits der vollständige Koran von Gott herabgesandt worden ist. Orthodoxe Religionsgelehrte beharren seit jeher auf dem Konzept der Gesamtheit und Vollkommenheit des Koran und begründen es unter anderem mit einem Erklärungsmodell, das auf metaphysischen Raumvorstellungen basiert. Demnach sei noch vor dem ersten Offenbarungserlebnis bereits eine Art Urform des Koran in eine Sphäre zwischen Himmel und Erde herabgesandt worden, die dann im Laufe der Wirkungszeit Muhammads nach und nach unter die Menschen gebracht worden ist. Reformistische Religionsgelehrte – die auch heute unter zum Teil drastischen Repressionen des Ketzertums beschuldigt werden – interpretieren den Koran dagegen als einen von Gott offenbarten Text, der von den Ereignissen seiner Entstehungszeit geprägt wurde und als solcher zeitgemäß betrachtet werden müsste. Eigentlicher Gegenstand dieser theologischen Auseinandersetzung ist die Frage nach der Möglichkeit einer kritischen Auseinandersetzung mit dem im Koran manifestierten, allgemein als unantastbar betrachteten Gotteswort. Dabei ist in dieser Diskussion unter Gläubigen gar nicht in Frage gestellt, dass der Koran nicht als ein Text über Gott, sondern als Text Gottes betrachtet wird; doch während die Reformer eine Berücksichtigung des Kontexts fordern, in dem der Koran entstanden ist, verwehren sich die Verfechter der unantastbaren Verbalisation Gottes vehement gegen jeglichen Ansatz neuer Lesarten des Koran.

Für die Urgemeinde dagegen stellten sich noch keine Probleme der Interpretation, denn die Offenbarungen nahmen konkreten Bezug auf ihren Alltag und konnten über die Kommunikation zwischen Prophet und Gott jederzeit konkretisiert und aktualisiert werden. Erste Aufzeichnungen der mündlich überlieferten und verbreiteten Offenbarungen sind bereits zu Lebzeiten des Propheten und unmittelbar nach seinem Tode entstanden. Strittig ist, ob Muhammad, der selbst des Schreibens nicht kundig war, vor seinem Tode eine schriftliche Fassung aller Offenbarungen hat anfertigen lassen oder ob es sich nur um einzelne Aufzeichnungen seiner Weggefährten handelt, welche die Texte als Grundlage für Gottesdienste nutzten. Erst unter der Herrschaft des Khalifen Uthman, des dritten politischen Nachfolgers Muhammads, wurden im 7. Jahrhundert verschiedene schriftliche und mündliche Fassungen der Überlieferungen verglichen, eine Auswahl getroffen und die als authentisch befundenen hundertundvierzehn Suren in abnehmender Länge angeordnet. Diese Anordnung der Verse ist allerdings wenig aufschlussreich, um den historischen Kontext und gesellschaftliche Transformationsprozesse nachzuvollziehen. Mit den ersten Korankommentaren, die ab dem 10. Jahrhundert entstanden, wurden die einzelnen Verse des Koran im Kontext ihres entweder frühislamisch-mekkanischen Ursprungs oder aus ihrer Entstehung in der bereits konstitutiv gefestigten Phase der Urgemeinde im Exil in Medina betrachtet. So stammen die offenbarten kultischen Pflichten der Muslime bis auf das islamische Glaubensbekenntnis und die Vorschrift zu täglich fünf Gebeten – Letzteres ist eine Vereinbarung, die Muhammad auf seiner Himmelsreise mit Gott ausgehandelt haben soll – allesamt aus der Zeit in Medina. Dort entstand auch das Regelwerk sozialen und moralischen Verhaltens als Grundlage für das Zusammenleben der Urgemeinde.

Eine ähnlich kontroverse Debatte wie über die Unantastbarkeit der Offenbarungen im Koran wird auch über die überlieferten Worte und Taten des Propheten geführt. Diese Traditionen sind rund zwei Jahrhunderte nach seinem Tod in den großen *hadith*-Sammlungen aufgezeichnet worden. Die Autoren waren zumeist ihr ganzes Leben damit beschäftigt, die Zeugnisse an den Wirkungsplätzen des Propheten zu sammeln und ihre Authentizität zu überprüfen. Für jedes einzelne *hadith* ist eine Kette der Personen aufgeführt, über welche die Informationen überliefert worden sind. Im Idealfall kann diese Reihe bis auf eine dem Propheten sehr nahe stehende Person oder gar den Propheten persönlich zurückgeführt werden. Der Lebenslauf, die Kompetenz und die Glaubwürdigkeit der einzelnen Übermittler waren Kriterien für die Entwicklung einer Hierarchie der Zuverlässigkeit eines *hadith*. Seit Beginn des 20. Jahrhunderts wird von einer Reihe muslimischer Reformer die Wichtigkeit der Überlieferungskette in Frage gestellt und stattdessen die inhaltliche Übereinstimmung des einzelnen *hadith* mit im Koran manifestierten islamischen Grundsätzen betont und auf dieser Grundlage eine der Gegenwart angepasste Interpretation propagiert. Eine Position, die von Anhängern des orthodoxen Islam, die die maßgeblichen Quellen als konkrete Verbindung zum Propheten und zu Gott betrachten, als unannehmbar abgelehnt wird und immer wieder zu heftigen Auseinandersetzungen um den wahren Weg des gelebten Islam führt.

*

Für Politiker stellt die Thematik des einzig wahren Weges, den Gott der Menschheit durch Muhammad gewiesen hat, seit jeher eine Versuchung dar, in den offiziellen Festansprachen die Tradition des Propheten für eigene Machtinteressen zu instrumentalisieren. Die Opposition – insbesondere islamistisch ausgerichtete Gruppierungen – nutzt die Heiligen Nächte, um mit Demonstrationen auf die Missstände der Regierung aufmerksam zu machen und für ihre eigenen, als gottgerecht definierten Modelle zu werben. So wurde z. B. vor dem Erreichen der Unabhängigkeit anlässlich der Offenbarungsfeste gegen die Unrechtmäßigkeit der Fremdherrschaft polemisiert. Obwohl heute religiöse und politische Argumente verstärkt miteinander verflochten werden, um interne politische Gegner zu diffamieren, die nicht im Sinne dessen handeln, was der Staat als das Gemeinwohl betrachtet, stehen nach wie vor auch außenpolitische Themen auf der religiösen Agenda der Festpredigten. Dazu gehören, vom Anlass der Offenbarungsfeste her nahe liegend, der Nahostkonflikt und im Mittelpunkt der Debatte: der ungeklärte Status von Jerusalem. Auf der ganzen Welt berührt die Menschen das Schicksal der Stadt, die den Muslimen auch deswegen heilig ist, weil angenommen wird, dass der Prophet von dort aus seinen Aufstieg in die himmlischen Sphären unternommen hat.

*

„Wie kann Muhammad auf der im Koran beschriebenen Reise in den Himmel Station in der al-Aqssa Moschee in Jerusalem gemacht haben, wo es zu dieser Zeit nachweislich in Jerusalem noch gar keine Moschee gegeben hat?" – „Kann Muhammads Himmelsreise als Metapher interpretiert werden?" – „Warum hat der Prophet seine Gegner ausgerechnet mit solch wundersamen Geschichten zu überzeugen versucht?"

Die Mitarbeiter des Islamic Awareness Teams nehmen sich den Fragen der Zweifler, Ungläubigen und Besserwissenden an. Das vorrangige Ziel des in England angesiedelten islamischen Netzwerks ist die Unterstützung von in Argumentationsnot geratenen Muslimen. Die ausschließlich im Internet erörterten Debatten sprechen ein breit gefächert interessiertes Publikum an, das sich über Glaubensinhalte und islamwissenschaftliche Forschung auszutauschen, zu informieren und meistens aus religiös oder politisch motivierten Gründen auseinander zu setzen sucht. Die meisten Webpages und elektronischen Infobörsen zum Thema Islam argumentieren aus der Perspektive der Gläubigen, dass hinter allen erklärlichen und unerklärlichen Dingen die Allmacht Gottes steht und sich damit alle weiteren Fragen erübrigen. Diese Sichtweise vertritt auch das Islamic Awareness Team, das sämtliche Expertisen mit der Formel „Und die wahre Antwort weiß Gott alleine" beschließt und dennoch viel Mühe darauf verwendet, den Ratsuchenden eine Fülle von Material zur Verfügung zu stellen, mit dem sie aufgefordert werden, sich ihre eigene Meinung zu bilden. Neben den klassischen Quellen, Koran, hadith-*Sammlungen und der traditionellen Koraninterpretation werden moderne* fatawih, *Rechtsgutachten führender religiöser Auto-*

ritäten zu zeitgenössischen Fragestellungen, herangezogen und darüber hinaus auch interdisziplinäre Interpretationsmuster angeboten.

So wird die Frage nach der historischen Relevanz der Ausgangssituation der himmlischen Reise zunächst aus etymologischer Perspektive beleuchtet. Im Koran sind Abreise- und Ankunftsort Muhammads nur in Umschreibungen erwähnt, in Vers eins der Sure siebzehn wird von einer Reise gesprochen, die von der masdjid al-haram *– ein Begriff, mit dem unstrittig das Heiligtum in Mekka assoziiert wird – zur* masdjid al-aqssa, *womit man heute die erst nach dem Tode Muhammads erbaute, den Muslimen als zweitgrößtes Heiligtum geltende al-Aqssa Moschee in Jerusalem verbindet. Weiter führt „Islamic Awareness" aus, dass der heute allgemein als Moschee verwendete Begriff* masdjid *in seinem Ursprung einen Platz für ein Gebet bezeichnet, bei dem es sich nicht zwangsläufig um ein Gebäude handelte.*

Auch existiere im Koran keine eindeutige Verknüpfung zwischen der nächtlichen Reise von Mekka nach Jerusalem und dem eigentlichen Aufstieg zu Gott, der im Koran an anderer Stelle nur vage angedeutet wird. In den meisten Überlieferungen der Worte und Taten des Propheten hat die nächtliche Reise immer Mekka zum Ausgang und fast immer Gott zum Ziel, wobei Jerusalem durchaus nicht immer Zwischenstation ist. In einigen Überlieferungen jedoch steht Jerusalem im Mittelpunkt der Himmelsreise – detailliert wird die Übereinstimmung Muhammads mit früheren Propheten, insbesondere mit Jesus, beschrieben, der ebenfalls von Jerusalem aus die Reise zur Rechten Gottes angetreten hat. Als Vermächtnis dieser prophetischen Reisen könnten christliche Pilger noch heute die Spuren Jesu in der Grabeskirche besichtigen, während Muhammads Fußabdrücke in einem Felsen verewigt sind, über dem im Jahre 691 unter dem Khalifen 'Abd al-Malik der Felsendom neben der al-Aqssa Moschee errichtet wurde. „Islamic Awareness" informiert aber auch, dass der Kult um Jerusalem als Aufstiegsort des Propheten in den Himmel mit den Bestrebungen des Khalifen 'Abd al-Malik in Verbindung ge-

bracht wird, der in Abgrenzung zu seinem politischen Gegner in Mekka Interesse daran hatte, Jerusalem als spirituelles Zentrum aufzuwerten, um die Pilgerströme zum größten Heiligtum nach Mekka einzudämmen.

Auf der Grundlage derartiger etymologischer und historischer Analysen wird dann zu spirituellen Interpretationen der Himmelsreise übergeleitet. Der Begriff masdjid al-aqssa, *übersetzt: „der entfernteste Gebetsplatz", könnte auch als die im Koran verankerte spirituelle Raumvorstellung betrachtet werden, nach der Gott Muhammad an einem Ort begegnet ist, der sich außerhalb des geschaffenen Kosmos befindet, und sich damit der unzulänglichen Erfassung nach menschlichen Maßstäben entziehe. Diese Deutung korrespondiert mit der Auffassung, Muhammad habe die Reise nicht mit dem Körper, sondern lediglich im Geiste unternommen.*

Die Orthodoxie dagegen hält an der wörtlichen Interpretation der Himmelsreise fest. Demnach habe der Prophet konkret und bei vollem Bewusstsein in Begleitung des Erzengels Gabriel auf einer Art fliegendem Pferd die Reise von Mekka zum entferntesten Platz des Gebets unternommen und von dort aus die Himmelsreise angetreten. Zum Teil werden in der theologischen Literatur die Nachtreise zur masdjid al-aqssa und die Himmelsreise als zwei unterschiedliche Ereignisse betrachtet. Es gibt aber auch Interpretationen, nach denen nur die Reise nach Jerusalem physisch vollzogen und der Aufstieg zu Gott über eine Leiter sozusagen als Allegorie für die spirituelle Annäherung an Gott gedeutet wird.

„Islamic Awareness" hat Besucher der Homepage aus der ganzen Welt zu Diskussionen über die Himmelfahrtsdebatte angeregt. Eine israelische Organisation glaubt in der nicht eindeutigen Überlieferungslage ausreichend Argumente zu finden, um damit den Palästinensern jeglichen Anspruch auf den Tempelberg, Jerusalem und das gesamte Heilige Land streitig zu machen. Freethought Mecca, eine christlich-missionarisch ambitionierte Internetadresse, stellt die gesamte Himmelsreise auf der Grundlage der angewandten Formel von Lichtgeschwindigkeit in Frage. Und ein konver-

tierter britischer Muslim, der bedauert, die Quellen nicht im Original studieren zu können, bittet das Expertenteam um Bewertung eines der frühesten Korankommentare, in dem als Beweis dafür, dass Muhammad mit Geist und Körper gereist sei, das Argument angeführt wird, dass ansonsten das im Koran beschriebene himmlische Pferd als Transportmittel nicht notwendig gewesen wäre.

⋆

Die Fragen, ob der Prophet die Himmelsreise im Geiste oder mit dem Körper unternommen und ob er Gott mit dem Auge oder mit dem Herzen geschaut habe, sind unmittelbar mit der komplexen Definition des Verhältnisses zwischen Gott und Mensch verknüpft. Die islamische Theologie bietet auf diese existentiellen Fragen vielfältigste und wenig kongruente Antworten, denen aber allesamt Gottes vollkommene Transzendenz zugrunde gelegt wird, welche mit den begrenzten Möglichkeiten der Menschen nicht zu erfassen sei. Demnach ist der Mensch auch nicht befähigt, Gott zu schauen; Gott kann den Menschen allenfalls erkennen lassen. Die Kommunikation zwischen Gott und Mensch verläuft einseitig und kann nur durch Gottes Initiative zustande kommen. Auch für Muhammad – als gewöhnlicher Mensch – war der unüberbrückbare Unterschied zwischen Schöpfer und Geschöpf nur deswegen überwindbar, weil Gott sich ihm als Überbringer seiner Botschaften zugewandt hatte. Göttliche Zuwendung und Auftrag haben vor der *lailat al-qadr* bereits eine Reihe von Propheten erfahren, die, wie Muhammad, mit der Verbreitung der Heilsbotschaft beauftragt waren. Der Islam wird in diesem Sinn als Weiterführung oder auch Erneuerung und Vollendung des Juden- und Christentums betrachtet. Muhammad wurde diese Mission anvertraut, weil die Menschen sich bis zu diesem Zeitpunkt noch nicht zufriedenstellend nach Gottes gesandten Botschaften verhalten hatten. Auf seiner in den Überlieferungen detailliert beschriebenen Reise durch die sieben Stufen des Himmels begegnete Muhammad all den Vorgängern, in deren Tradition er steht. Diese – von Abraham über Moses bis hin zu Jesus – begrüßten ihn mit großem Respekt und bestätigten ihn in seiner übergeordneten Aufgabe als letzter der Gesandten und damit als „Siegel der Propheten". Bis zu diesem Zeitpunkt galt Moses als derjenige Mensch, der auf dem Berge Sinai Gottes Nähe am unmittelbarsten erfahren hatte. Nun war Muhammad dazu ausgewählt, Gott in einer Sphäre zu begegnen, die bislang noch kein geschaffenes Wesen betreten hatte und die selbst der ihm den Weg weisende Erzengel nicht betreten darf. In diesem Sinne wird Muhammads Aufstieg auch als Vorwegnahme der Begegnung des Menschen mit Gott vor dem Richterthron gedeutet. Mystische Ausrichtungen des Islam sind der Auffassung, dass es nicht Muhammad ist, der zu Gott aufgestiegen ist, sondern Gott, der sich zum Menschen Muhammad niederbeugte – eine Interpretation, die auch Gottes Liebe und Zuwendung zur Welt versinnbildlicht.

Neben den wundersamen Vorgängen, welche die Voraussetzungen für die göttliche Audienz schufen, spielen aber auch praktische Aspekte eine entscheidende Rolle für die *lailat al-mi'radj*. Zurückgekehrt aus himmlischen Sphären, überbrachte Muhammad den Menschen in seiner Umgebung Botschaften, die ihnen klare Glaubensentscheidungen abverlangten und ihnen dafür höllische Qualen oder paradiesische Versprechungen in Aussicht stellten. Muhammad berichtete, dass er entsetzt über die Sündhaftigkeit der Menschen, die ihm aus der erhabenen Perspektive vom Rücken des fliegendes Pferdes vor Augen geführt wurde, sich vor Gott für seine nicht immer disziplinierte Gemeinde einsetzte und das göttliche Versprechen erwirken konnte, dass Muslimen im Paradies ein Platz reserviert ist, insofern sie sich diesen zu Lebzeiten verdient hätten. Und damit seine Gemeinde die besten Voraussetzungen hat, Gottes Gefallen im Ausüben ihrer religiösen Pflichten zu erlangen, engagierte sich Muhammad auf Anraten des Moses für eine Reduzierung von ursprünglich fünfzig auf insgesamt fünf über den Tag verteilte Pflichtgebete, die nach seiner Rückkehr in irdische Sphären als dritte für alle Muslime verbindliche Grundpflicht etabliert wurde.

Die Himmelfahrt transportierte eine eindringliche Botschaft an die Mekkaner, die bislang nicht an den transitorischen Charakter des Lebens glaubten. Muhammad machte deutlich, dass es seinem Engagement zu verdanken sei, dass Gott den Rechtgläubigen das Paradies öffnet. Als „Siegel der Propheten", dem Gott die größte Aufmerksamkeit und Nähe zugestanden habe, wisse er am besten, was die Bestimmung der Menschen ist, was von ihnen zu Lebzeiten erwartet wird und was sie nach ihrem Tode erhoffen dürften. Als Lehrer und Vorbild verkörpert er auch für die Gläubigen der Gegenwart die einzige und letzte Chance für einen Ausweg aus einem sinnentleerten Leben mit unheilvollem Ende.

*

Die phantastische Thematik der Himmelsreise hat seit jeher nicht nur für Religionsgelehrte eine Herausforderung dargestellt, das Unfassbare begreifbar zu machen. Sie wurde auch zum Motiv für Autoren, Dichter und darstellende Künstler, Musiker und sogar für Filmregisseure, deren Werke anlässlich der Offenbarungsfeste viel Aufmerksamkeit erhalten. Schon lange haben sich Künstler bei dieser Aufgabe über die Grenzen der Theologie hinweggesetzt und damit heftige Diskurse unter den religiösen Autoritäten ausgelöst, die sich als Bewahrer der authentischen Tradition des Propheten verstehen. In der mündlichen Erzähltradition der ersten zwei Jahrhunderte des Islam wurde die Himmelfahrtslegende in unzähligen Variationen mit zahlreichen Ausschmückungen verbreitet; erste poetische Ausarbeitungen sind ab dem 11. Jahrhundert schriftlich überliefert. In Persien wurde die Himmelfahrt seit dem 14. Jahrhundert auch in der Miniaturenmalerei umgesetzt. Sammlungen der Legenden, in denen sich religiöse Quellen, Volkslegenden und dichterische Interpretationen vermischen, sind in zahlreichen nicht-arabischen Sprachen erschienen und spiegeln immer auch den spezifisch kulturellen Kontext des Landes, in dem sie entstanden sind. Neben dem Wunder der Offenbarung und der Verehrung Muhammads an der höchsten Stelle in Gottes kohärentem System stehen die Beschreibungen der jenseitigen Welt und der von Muhammad durchreisten himmlischen und höllischen Sphären im Vordergrund der eindringlichen *mi'radj*-Literatur.

*

Den ganzen Tag über sind die Techniker der Baiturarahman-Moschee mit der Montur der Lichterketten beschäftigt. Es kommt auf den Millimeter an, damit Tausende von elektrischen Kerzen zusammen ein Kunstwerk ergeben, das die Hauptmoschee von Aceh im Nordwesten Sumatras illuminiert. Das Fest der Himmelfahrt lässt die gesamte Insel im Lichterglanz erstrahlen. In dieser besonderen Nacht sucht niemand Schlaf und Dunkelheit. Notgeneratoren gleichen das Übermaß an Energiebedarf aus, zusätzlich werden Petroleumlampen und Wachskerzen eingesetzt. In allen Hauseingängen leuchten die ganze Nacht über Laternen, durch die Straßen ziehen Fackelzüge, und krachendes und imposantes Rauchschwaden erzeugendes Feuerwerk erhellt den Himmel. Mi'radj *ist auch in den islamischen Provinzen Indonesiens kein offizieller Feiertag, dennoch kommt wegen der aufwändigen Festvorbereitungen und der Erschöpfung nach einer durchfeierten Nacht der Arbeitsalltag der Menschen für mindestens zwei Tage nahezu zum Stillstand. Das Fest beginnt nach dem letzten Gebet des Tages nach Sonnenuntergang. Für zahlreiche Gläubige endet damit ein Fastentag, denn das zusätzliche Fasten in diesem Monat gilt als besonders segensreich, und viele wählen einen oder mehrere Tage im Radjab für den Ausgleich von Versäumnissen während des Ramadhan oder die Erfüllung eines Gelübdes. Wer die Nacht der Himmelfahrt nicht in den Moscheen verbringt, sucht Gottes Nähe in den* langgar, *den kleinen Gebetsräumen vor den Häusern. Die meisten Menschen aber verbringen die Nacht im Kreise der Familie, mit Verwandten oder Freunden. Gefeiert wird meistens nach Geschlechtern getrennt – neben ausführlichen Mahlzeiten steht ein religiös geprägtes Unterhaltungsprogramm im Mittelpunkt des Festes. Wer immer die arabische Sprache beherrscht, ist mit Koran-Rezitationen und dem Vortrag der in den Prophetenbiographien beschriebenen Himmelfahrtslegenden beauftragt. Zum unverzichtbaren Bestandteil des Festprogramms gehören aber auch Gesänge, die das Leben des Propheten und die Liebe zu Gott zum Thema haben. Andere Feiern in der Nacht der Himmelfahrt sind ausschließlich auf die irdischen Freuden des Lebens konzentriert, und es gibt auch viele und immer mehr junge Menschen in den islamischen Provinzen Indonesiens und Malaysias, denen die Heiligen Nächte kein Fest mehr wert sind.*

Im Morgengrauen, wenn der erste Gebetsruf des Tages über Lautsprecher durch die Stadt hallt, erinnern die Gläubigen die Rückkehr Muhammads auf Erden und kehren selbst wieder in ihren Alltag zurück. Dann atmen die Raucher auf und greifen erst mal zur Zigarette. Denn in den Heiligen Nächten soll nach Vorstellungen des Volksglaubens aus Rücksichtnahme auf die anwesenden Engel vom Rauchen Abstand genommen werden. Die himmlischen Besucher können anscheinend Zigarettenrauch nicht ausstehen, während sie sich vom Wohlgeruch von verbranntem Weihrauch und Aloeholz angezogen fühlen. Wahrscheinlich ist es nicht nur Höflichkeit, welche die Raucher zu diesem Opfer motiviert, sondern vor allem die Vorstellung, dass in den heiligen Nächten Engel eine neue Seite in dem Buch aufschlagen, in dem die Namen aller Menschen geschrieben werden, denen in diesem Jahr bestimmt ist, von dieser Welt zu gehen. Niemand wird bezweifeln, dass einzig Gott über das Schicksal der Menschen verfügt, aber wer wagt es, das Missfallen eines Engels hervorzurufen, der in solch wichtigem Auftrag entsandt ist?

3. Kapitel

In der Tradition des Propheten – Die kanonischen Feste

Im Islam gibt es nur zwei Feste, bei denen im Koran manifestierte, für alle Gläubigen verbindliche Grundpflichten der Anlass zum Feiern sind: *'id al-fitr,* das Fest am Ende des Fastenmonats Ramadhan, und *'id al-addha,* das Opferfest, das während des Pilgermonats zelebriert wird. Die Feste selbst sind im Koran jedoch nicht erwähnt, und damit steht es den Gläubigen frei, ob sie Ramadhan und die Zeit der Wallfahrt festlich beschließen.

Die Feste wurden erstmals innerhalb der Urgemeinde in Medina zelebriert. Vom Gesandten Gottes persönlich eingeführt, gelten *'id al-fitr* und *'id al-addha* als Weiterführung der Tradition der ersten, das Ideal des Islam lebenden Muslime, als religiös verdienstvolle Handlungen, die sich schließlich zur unverzichtbaren Ergänzung der kultischen Pflichten entwickelt haben.

Die kanonischen Feste dienen auch heute zur Identifikation mit dem Islam, auch in Abgrenzung zu Andersgläubigen. Diese Abgrenzung war zu Lebzeiten des Propheten nicht nur spirituell oder ideologisch zu begreifen, denn die Auswanderung war für die Urgemeinde eine ganz konkrete Erfahrung der Ablösung von bisher geltenden politischen, gesellschaftlichen, religiös-kulturellen Strukturen und Zusammenhängen. Das Fest des Fastenbrechens wurde im Jahre zwei nach islamischer Zeitrechnung – welche die *hidjra* zum Ausgangspunkt hat – eingeführt. In diesem Jahr fand die entscheidende Schlacht von Badr statt, die den Sieg über den Muhammad feindlich gesinnten Stamm der Quraisch, die Rückkehr nach Mekka und die Expansion des Islam einleitete. Die Feste können in diesem Zusammenhang auch als Zeichen der Etablierung der muslimischen Auswanderer interpretiert werden, als Ausdruck der Entspannung nach schwierigen Zeiten und als konkret umgesetztes Bedürfnis nach irdischen Freuden und Genüssen im Rahmen von Festlichkeiten, wie sie in jeder Religion verankert sind. Religionswissenschaftler haben auf die Parallelen jüdischer, christlicher und muslimischer Festriten und ihre gemeinsamen Wurzeln hingewiesen. Auch in den islamischen Quellen wird der Bezug auf vorislamische, nicht nur aus den monotheistischen Religionen stammende Zeremonien formuliert. Dennoch und vielleicht auch gerade deswegen stehen die beiden islamischen kanonischen Feste als Symbol für die Identifikation mit der eigenen Religion und der die islamisch geprägten Länder miteinander verbindenden Religionskultur.

Besonders für Muslime im Exil verkörpern die Feste kulturelle Bezüge, die für manche Ausdruck von Verbundenheit mit ihrer Religion, für andere vorrangig an Heimatgefühle geknüpft sind. Dies trifft auch für die zweite und dritte Generation der Einwanderer zu, die oftmals die Ursprungsländer ihrer Vorfahren nicht gut kennen. Viele Menschen, die ansonsten einen von religiösen Regeln unbeeinflussten Alltag leben, konzentrieren alle Religiosität auf den einen Monat Ramadhan, wohl auch deswegen, weil ohne das Fasten mit Leib, Seele und allen übrigen Sinnen das beliebte Fest des Fastenbrechens überflüssig erscheint. Auch das Opferfest ist für viele Anlass, um an religiöse und zuweilen auch von der Religion abgelöste kulturelle Wurzeln anzuknüpfen.

*

Eigenverantwortlichkeit vor Gott und die persönliche Intention des Gläubigen sind im Islam die wesentlichen Voraussetzungen aller rituellen Handlungen. In diesem Sinne beschränkt sich das Fasten im Monat Ramadhan nicht nur auf eine von Sonnenaufgang bis Sonnenuntergang währende Enthaltsamkeit mit Mund und Magen. Das rituelle Fasten fordert alle Sinne und darüber hinaus den Intellekt und die Willenskraft des Gläubigen. Mund, Augen, Ohren, Nase, die erotische Empfänglichkeit, aber vor allem die Gedanken und die Interaktionen der Menschen sollten dabei fern von Eigeninteressen und weltlichen Genüssen sein und sich göttlichen Maßstäben annähern. Täglich bei Sonnenuntergang wird das Fasten gebrochen, wobei nach religiösem Ideal die Reichen mit den Armen teilen, und auch während des *tarawih,* des im Ramadhan vorgeschriebenen zusätzlichen sechsten Gebetes des Tages, steht die Gemeinschaftlichkeit und Gleichheit aller Gläubigen vor Gott im Vordergrund.

Die Konzentration auf religiöse und ethische Fragen während der Fastenzeit stellt hohe Ansprüche an die religiöse und politische Führung. Keine Regierung kann es sich unbeschadet leisten, zum Fest des Fastenbrechens die Bedürfnisse sozialer Randgruppen zu vernachlässigen. Ist das soziale Gefälle auch noch so ausgeprägt, während dieses einen Monats ist die Demonstration von gesellschaftlicher Gleichheit und sozialer Gerechtigkeit unabdingbar, obwohl das islamische Menschenbild nicht in erster Linie egalitär ausgerichtet ist. Soziale Unterschiede und ungleiche Verteilung der Ressourcen werden im Koran damit begründet, dass unterschiedlich begabten Menschen einander ergänzende Aufgaben zugewiesen sind, an denen sie wachsen können. Der eigentliche Wert des Menschen beweist sich vor Gottes Augen letztendlich nur im Handeln der Menschen – so auch in der Erfüllung der religiösen Pflichten. An dieses göttliche Abrechnungsprinzip angelehnt, sollte auch zu Lebzeiten den Menschen, welche die gleichen Mühen aufwenden müssen, um die Fastenzeit durchzustehen, die gleiche Belohnung zustehen. Konkret bedeutet dies, dass beim täglichen Fastenbrechen nach Sonnenuntergang niemand darben und allen die Möglichkeit gegeben sein soll, am Fest zum Ende des Ramadhan teilzunehmen.

*

Im palästinensischen Raffah, am Rande der Sinai-Wüste, verlaufen nahezu alle Wege abseits der Hauptverkehrsstraße im Sande. In diesem Teil des Gazastreifens kommen die Esel am schnellsten voran. Seit den frühen Morgenstunden stehen einige Dutzend der weißen, ungewöhnlich kleinen, aber robusten Tiere vor Transportkarren gespannt. Ihre Besitzer ruhen sich im Schatten der struppigen Olivenbäume aus, denn es bleibt noch Zeit, bis der erste Andrang der Kundschaft zu erwarten ist, um schwere Säcke und Kisten transportieren zu lassen. Die Lebensmittelausgabe des World-Food-Programms, eines Nothilfeprogramms der Vereinten Nationen, hat noch nicht begonnen. Jedoch scheint sich bereits seit Stunden die ganze Stadt vor den Lagerhallen versammelt zu haben. Tatsächlich sind es fast die Hälfte der insgesamt 50 000 Besucher, die am internationalen Standard gemessen als an Not leidend gelten, weil sie weniger als den Mindestbedarf von täglich 1300 Kilokalorien zu sich nehmen. In den gesamten palästinensischen Autonomiegebieten sind über 100 000 Menschen nach diesen Kategorien für das Ramadhan-Sonderprogramm empfangsberechtigt. Seit Unterzeichnung der *Osloer Friedensverträge von 1995 unterstützen die Vereinten Nationen die gesamten palästinensischen Autonomiegebiete mit einem Jahresetat von rund fünf Millionen Dollar. 16 000 Tonnen Grundnahrungsmittel kauft das World-Food-Programm pro Jahr auf dem internationalen Markt und schickt die Güter vierteljährlich auf dem Seeweg über Israel nach Palästina. Für das* 'id al-fitr-*Sonderprogramm fallen nur Transportkosten an, denn bei diesen Lebensmitteln handelt es sich ausschließlich um Sachspenden, die die einzelnen Mitgliedstaaten des UN-Hilfswerkes eigens für das Fastenbrechen zur Verfügung stellen. So hat während des Ramadhan im November 2002 Italien Reis nach Palästina geschickt und Kanada Tee, Zucker kam aus den Niederlanden. Frankreich spendierte Fischkonserven und Deutschland Butterschmalz. Doch über Wochen war ungewiss, ob diese mehr als hundert Tonnen Hilfsgüter die Bedürftigen pünktlich zum Fest erreichen würden. Mit den politischen Unruhen seit Oktober 2000 wurde der Gazastreifen völlig abgeriegelt. Erst nach Interventionen der Spenderländer konnte die palästinensische Selbstverwaltung eine Genehmigung erwirken, die Hilfsgüter aus der israelischen Hafenstadt Aschdod auszulösen. Bis die Lebensmittelspenden schließlich den Gazastreifen erreichten, war das Fest bereits so nahe gerückt, dass das Sozialministerium in Erwägung zog, Sonderrationen aus einem Not-Etat zu finanzieren, um in der Lage zu sein, in diesen angespannten Zeiten auf den brodelnden Unmut der Bevölkerung zu reagieren.*

*

Auch in Nichtkrisengebieten erfordert die Sorge, dass zum Fest alle genügend zu essen haben, weit vorausschauende Vorbereitungen, die zumeist im Verantwortungsbereich der Ministerien für Versorgung liegen. Dabei muss neben den Zuwendungen für die Armen auch der erhöhte Bedarf an Grundnahrungsmitteln für die besser gestellte Bevölkerung, vor allem Süßigkeiten, für das Fest des Fastenbrechens berücksichtigt werden. Unmittelbar vor Beginn des Festes werden staatliche Qualitäts- und Preiskontrollen durchgeführt, finden vielerorts auch Stichproben in Bäckereien, auf Schlachthöfen, Märkten und im Einzelhandel statt. Um inflationären Preisanstiegen entgegenzuwirken, werden über internationale Ausschreibungen der Handelskammer die günstigsten Angebote für Grundnahrungsmittel und Fleisch eingeholt, die dann für die Festzeiten über lokale Verbraucherkooperativen subventioniert und so zum Beispiel in Ägypten bis zu fünfzehn Prozent unter den handelsüblichen Preisen angeboten werden.

Das religiös orientierte Konzept staatlicher Fest-Fürsorge geht jedoch weit über die Sorge für das leibliche Wohl der Gemeinschaft der Gläubigen hinaus. Die unterschiedlichsten Behörden und Institutionen arbeiten oft schon Monate im Voraus, um einen möglichst reibungslosen Verlauf der Feste, an denen alle Schichten der Gesellschaft teilhaben können, zu gewährleisten. Die großen Metropolen, zum Beispiel Kairo mit siebzehn Millionen Einwohnern, aber auch kleine, dichtest besiedelte Regionen, wie der Gazastreifen mit über einer Million Einwohner auf weniger als dreihundertfünfzig Quadratkilometern, stehen dabei jedes Jahr vor neuen organisatorischen Herausforderungen. Die Wartung und Vorbereitung der Gebetsplätze, Märkte, Geschäftsstraßen gehören genauso dazu wie die Organisation öffentlicher kultureller Unterhaltungsprogramme sowie die Auswahl des Festspielprogramms der staatlichen Fernseh- und Rundfunkanstalten. Eine ausreichende Zahl an Verkehrsmitteln, Sonderzügen, Bussen und Bahnen muss bereitgestellt werden, um auf die Besucher aus Fern und Nah, die es zum Fest des Fastenbrechens zurück in die Heimat und zur Familie zieht, vorbereitet zu sein. An oberster Stelle stehen staatliche Sicherheitsvorkehrungen, Säuberungs- und Instandsetzungsmaßnahmen und die Koordination der Sondereinsätze für Polizei, Militär, Beamte, medizinisches Personal und für die Angestellten der Strom- und Wasserversorgungsbetriebe und der Abfallbeseitigung.

Nicht nur gegenüber den sozial schwächer Gestellten, auch den Außenseitern der Gesellschaft wird zum Fest des Fastenbrechens Nachsicht und Großzügigkeit demonstriert. So werden den Gefangenen erweiterte Besuchszeiten oder Heimaturlaub von den Gefängnissen gewährt. In vielen Ländern können politisch Gefangene sogar auf Amnestien hoffen. Allerdings sind an die vom König oder Staatsoberhaupt persönlich angeordneten Begnadigungen häufig politische Erwartungen geknüpft. Vorausgesetzt wird, dass der in Ungnade Gefallene aus Dankbarkeit für die Großzügigkeit des Herrschers in Zukunft mit dem Regierungsprogramm kooperiert – eine Tradition mit jahrhundertealter Geschichte. In der klassischen arabischen Literatur sind die heldenhaften Beispiele von standhaften Revolutionären beschrieben, die es vorgezogen haben, weiterhin das karge Mahl aus der Hand des Kerkermeisters entgegenzunehmen, als in Zukunft in der Schuld ihrer politischen Gegner zu stehen. Vor dem Hintergrund der zum Teil verheerenden Haftbedingungen in vielen Gefängnissen des Nahen Ostens, muss jedermann, der nicht lebensmüde ist, eine derartige rühmliche Standhaftigkeit allerdings doch eher als unerschwinglicher Luxus erscheinen. Somit ist das alljährliche Öffnen der Gefängnistore vor *'id al-fitr* nicht selten an die Bedingung des Eintretens in die Geheimdienste zum nächst möglichen Termin am Ende der Festtage geknüpft.

*

Wenn im letzten Drittel des Ramadhan die Schaufenster das ganze Sortiment traditioneller Spezialitäten zum Fest des Fastenbrechens präsentieren, wenn die Moscheen mit ihrem grellbunten Lichterschmuck wie amerikanische Weihnachtsbäume blinken, wenn in den Gassen der Elendsviertel glitzernde Papiergirlanden einen gleißenden, raschelnden Luftzauber hervorrufen, dann wächst von Tag zu Tag die Vorfreude und Spannung auf *'id al-fitr*. Spekulationen und Gerüchte über das exakte Datum des Endes der Fastenzeit gehen wie ein Lauffeuer durch die Stadt. Mit Begeisterung werden Wetten abgeschlossen, an welchem Tag die erste schmale Sichel nach Neumond gesichtet werden wird, die den Beginn eines jeden neuen Monats und in diesem Monat damit das Ende der Fastenzeit signalisiert. Ob das ersehnte Fest nach dem neunundzwanzigsten oder dem dreißigsten Tag des Ramadhan gefeiert wird, hängt vom Verlauf des Mondes ab, der Gesetzen folgt, die von den Gläubigen einzig als Gotteswillen und nicht als vom Menschenverstand im Voraus erfassbar betrachtet werden. Deswegen sollte nach religiösem Verständnis die Sichtung der ersten, oft nur wenige Millimeter schmalen Mondsichel im Idealfall in der Tradition des Propheten mit dem „nackten Auge" erfolgen und ohne Hilfsmittel auskommen. Nach orthodoxen Auffassungen ist dabei selbst der Gebrauch von Fern- oder Brillengläsern verpönt. Die Vereinigten Emirate, Bahrain und Jemen orientieren sich an Saudi-Arabien, wo die Sichtung tatsächlich noch in dieser Tradition vorgenommen wird. In den meisten Ländern hat sich jedoch inzwischen die Berechnung des Mondverlaufs mittels Satelliten oder Computertechnik durchgesetzt, und zum Teil wird, wie zum Beispiel in Ägypten, auch eine Mischform aus direkter Sichtung und technischer Analyse praktiziert.

*

Zwei Übertragungswagen der staatlichen ägyptischen Fernsehanstalten versperren den Neugierigen die Sicht auf den Amtssitz des Großmufti. In Nasr City, am Rande der Alt-

stadt von Kairo warten die Menschen seit den frühen Abendstunden auf die offizielle Bestätigung, dass die erste schmale Sichel nach Neumond gesichtet worden ist. Es ist längst tiefste Nacht geworden, als die Journalisten zu den Religionsgelehrten hineingebeten werden. Nur ein Fernsehteam ist dem Ruf des Großmufti nicht gefolgt, um vor dem Gebäude Außenaufnahmen vorzubereiten. Der Kameramann überprüft ein letztes Mal Licht und Einstellung und fordert dann die traditionell gekleideten Frauen auf sich bereitzuhalten. Alle Aufmerksamkeit gilt nun einem auf dem Übertragungswagen platzierten Transistorradio. Endlich durchbricht die live übertragene Glückwunschformel des Großmufti die spannungsgeladene Stille. So wie es vereinbart wurde, lassen die Frauen hohe, lang gezogene Freudentriller erklingen. Die Nachbarinnen, die von den Fenstern und Dächern der umliegenden Häuser das Geschehen verfolgen, stimmen in den Chor ein und führen die schrillen Klänge weiter, so dass sie schließlich von Haus zu Haus und über das ganze Viertel hallen. Nicht vereinbart und dem Fernsehteam dennoch willkommen, drängeln sich Kinder aus der Menge vor die laufende Kamera und wiederholen die Glückwünsche des Mufti: „Kull sanna wa intu ttaiybun!" *– Möge es euch das ganze Jahr über gut ergehen!*

Wer jetzt zum Telefon greift, wird wenig Erfolg haben, und auch das Internet ist für die nächsten Stunden mit der Übermittlung der Segenswünsche völlig überlastet. Unangemeldet erscheint der erste Teil der weitverzweigten Großfamilien und überbringt den ältesten Mitgliedern die Grüße der Verwandten, während die jungen Leute letzte Besorgungen für die Festtage erledigen oder sich selbst auf den Weg machen, ihre Verwandten zu besuchen.

*

In der Nacht, in der das Ende der Fastenzeit bekannt gegeben wird, erreicht die Stimmung den Höhepunkt an Ausgelassenheit und Freude, obwohl das Fest des Fastenbrechens eigentlich erst am nächsten Morgen beginnt. In Ägypten strömen an diesem Abend die Männer in die Teehäuser, um dort bei Wasserpfeife und Backgammonspiel die Übertragung der Festansprache des Großmufti zu erwarten. Jugendliche ziehen durch die Straßen und verkünden in Wechselgesängen, oftmals rhythmisch begleitet von Percussion-Instrumenten, Lobpreisungen Gottes. Groß- und Kleinfamilien schieben sich durch überfüllte Geschäftsstraßen und Einkaufszentren, um letzte Einkäufe zu erledigen. Großer Wert wird darauf gelegt, zum Fest neue Kleider, zumindest neue Schuhe vorzuführen. Wer sich das nicht leisten kann, achtet jedenfalls darauf, die alten Kleider frisch gewaschen zu tragen. Fliegende Händler, Schausteller und Bettler geben ihr Bestes, um von der Festtagslaune möglichst gut zu profitieren. Vor den öffentlichen Bäckereien stehen die Frauen Schlange, um dort ihr zu Hause gefertigtes Festgebäck in Backauftrag zu geben. Friseursalons und Kosmetikstudios haben vielerorts die ganze Nacht über geöffnet, damit gestresste Hausfrauen, die bis zum letzten Moment mit häuslichen Vorbereitungen beschäftigt waren, auch zur späten Stunde Gelegenheit finden, sich in Festform zu bringen. Mobile Friseure ziehen über die Lande und bieten in kleinen Städten und Dörfern einen ähnlichen Service für die Haar- und Bartpflege der Herren. Die weniger streng Gläubigen eröffnen das Fest des Fastenbrechens mit einem ersten Bier oder Wein in den Bars oder Kasinos, die in vielen Ländern während des Ramadhan geschlossen bleiben müssen. Einige Gläubige durchfeiern die erste Nacht im neuen Monat, andere suchen im Freudenlärm noch wenige Stunden Schlaf, bevor am sehr zeitigen Morgen mit dem ersten Gebet des Tages das Fest beginnt.

*

Der erste Gebetsruf hallt, über Lautsprecher verstärkt, durch die schlafende Stadt. Eile ist jetzt angesagt. Im 100 000 Einwohner zählenden Berkane im Norden Marokkos brennt zu dieser frühen Stunde fast hinter jedem Fenster Licht. Die Familien sitzen bei einem meist hastig verzehrten Frühstück zusammen, bevor sie sich gemeinsam auf den Weg zum Ge-

betsplatz machen. Auf dem Platz vor der größten Moschee der Stadt versammelt sich die gesamte Einwohnerschaft, um gemeinsam das Festgebet zu verrichten. Die ganze Nacht über haben Freiwillige den Moscheenwärtern geholfen, den Gebetsplatz herzurichten, die Straßenlaternen mit Luftballons zu schmücken, Gummimatten auszubreiten und mit bunt bedruckten Zeltplanen die Plätze der Frauen abzugrenzen. Erste Spuren der Dämmerung zeichnen sich am Himmel ab, und nach und nach treffen in Gruppen immer mehr Gläubige ein. Allmählich wird es auch auf dem Platz vor der Moschee eng. Die mitgebrachten Tücher und Gebetsteppiche sind dicht nebeneinander gereiht und gen Mekka gerichtet. Die Ordnungskräfte sorgen dafür, dass zwischen den Reihen Sicherheitsabstände eingehalten werden. Noch herrscht ein heilloses Durcheinander zwischen umhertollenden Kindern, den Männern, die sich mit demonstrativen Umarmungen und Küssen begrüßen, und den Frauen, die in ihrem viel zu knapp bemessenen Bereich versuchen, den besten Platz zu finden. In dem Moment jedoch, als die Lautsprecher angeschaltet werden, der Imam Luft holt und zu einem lang gezogenen Gebetsruf ansetzt, wirkt der ganze Festtrubel auf einmal wie eingefroren, stehen die weiß gekleideten Menschen geordnet nebeneinander, die Köpfe gesenkt, die Augen geschlossen. Versunken im Gebet vollziehen sie das Ritual aus Stehen, Knien, Beugen. Mit stets zur Erde geneigtem Kopf als Geste der Demut vor Gott stimmen sie ein in den Chor der Gemeinschaft der Gläubigen: Alla-u-akbar, Alla-u-akbar, la Alla illa Alla, alla-u-akbar! *Gott ist groß, Gott ist groß, es gibt keinen Gott außer Gott, Gott ist groß!*

*

Die Festgebete finden in der Tradition des Propheten in zentraler Lage und unter freiem Himmel statt. Die islamische Urgemeinde, die sich an gewöhnlichen Tagen im Hause des Propheten zum Gebet versammelte, wählte für die Festgottesdienste einen Platz außerhalb der Stadtmauern, auf einer Anhöhe südwestlich von Medina. Die herausgehobene Lage für die besonderen Gottesdienste sollte – wohl auch für andere Religionsgemeinschaften – die eigene Übereinstimmung und Stärke demonstrieren.

Auch in der Gegenwart wird insbesondere über die Medien die Bedeutsamkeit des globalen Zusammenhalts der islamischen Gemeinschaft verbreitet. Der Appell zu praktizierter Solidarität mit benachteiligten Glaubensbrüdern ist ein Motiv, das unzählige Festpredigten dominiert. In den großen Städten finden zu den gemeinschaftlichen Morgengebeten mehrere hunderttausend Menschen an einen Ort zusammen, und es gibt nicht viele Moscheengelände, die groß genug sind, Ansammlungen in diesen Größenordnungen zu fassen. Oftmals werden daher ganze Viertel gesperrt oder Sport- oder Messegelände zu Gebetsplätzen umfunktioniert. Die Überwachung des technischen Ablaufs der Gottesdienste unterliegt entweder der Verantwortung der Ministerien oder den staatlichen Behörden für religiöse Angelegenheiten, die in Zusammenarbeit mit den lokalen Verwaltungen die Vorbereitungen treffen, die Orte auswählen, reinigen und absichern lassen. Die Festpredigt wird mit der Ansprache einer prominenten Persönlichkeit aus dem politischen oder religiösen Leben eingeleitet. In den Dörfern ist es meistens der Bürgermeister, in den großen Städten sind es hochrangige Religionsgelehrte, Minister oder gar der Präsident oder König persönlich, der am Festmorgen die Glückwünsche und Segensformeln an das Volk ausspricht.

Unter der verschwenderischen Regierung der Fatimiden war es üblich, dass die Herrscher im Anschluss der Predigt für das Volk schlachten und das Fleisch an die Bedürftigen verteilen ließen, während Staatsdiener und die Angestellten des Hofes mit finanziellen Zuwendungen und teurem Tuch beschenkt wurden. Eine solche Großzügigkeit leistet sich heute kein Mächtiger mehr, und die meisten der Staatsoberen sparen sich längst den allzu zeitigen Auftritt auf dem Gebetsplatz und wählen die weit bequemere und effektivere Methode der Fernsehübertragung, um ihre Segenswünsche unter das Volk zu bringen.

*

Exilmuslime und Gastarbeiter feiern in der Fremde mit der „Ersatzfamilie": mit Landsleuten oder Muslimen aus anderen Ländern, Nachbarn, Kollegen und Freunden. Dabei geben entweder die Moscheen der Exilgemeinden und da, wo keine vorhanden sind, häufig auch von der Kirche zur Verfügung gestellte Gemeinderäume den festlichen Veranstaltungen den Rahmen. Wem es möglich ist, nimmt Urlaub zur Festzeit, um die Heimat zu besuchen. Zu keiner anderen Zeit sind die islamisch geprägten Gesellschaften so mobil wie zu den Festtagen. Heimatliebe und familiärer Zusammenhalt, aber auch die Tradition, über das Jahr entflammte Zwiste beizulegen, lassen die Menschen Tausende von Kilometern überwinden. Die weit verzweigte Großfamilie feiert zusammen oder stattet sich zumindest gegenseitige Besuche ab. Neben dem Festgebet und Familienbesuchen stehen vor allem die üppigen Festspeisen im Mittelpunkt aller Feierlichkeiten. In vielen Ländern ist es üblich, wenigstens einen der Feiertage im Grünen zu verbringen. Beliebt sind Ausflüge und Picknicks in der Natur, wenn möglich am Ufer von Flüssen oder an Stränden. In den Städten dagegen sind dieser Tage die öffentlichen Parkanlagen, Rummelplätze und Ausflugsstätten hoffnungslos überlaufen.

Vielerorts werden auch die Toten in das Fest einbezogen. Besuche der Gräber haben sich, trotz Kritik von Seiten der Religionsgelehrten, die eine solche Praxis als unvereinbar mit islamischen Grundprinzipien verurteilen, zum integralen Bestandteil der Festriten entwickelt und finden am ersten und am letzten Tag des *'id al-fitr* statt. Wenn sich dann die Verwandten, die sich ansonsten über das Jahr aus den Augen verloren haben, auf den Friedhöfen wieder begegnen und sich bei Essen und Trinken dem Austausch von Erinnerungen widmen, ist das häufig ein Fest für sich. Die Verstorbenen werden mit ausgewählten Koranrezitationen geehrt, die entweder von einem für diese Zwecke gemieteten Rezitator besonders begabten Kinderstimmen oder auch aus der Konserve von oftmals viel zu laut gespielten, sich gegenseitig übertönenden Kassettenrecordern dargeboten werden. Die Gräber werden mit Wasser besprengt und mit Palmzweigen, in manchen Regionen auch mit Blumen geschmückt. Die Armen bieten ihre Hilfestellung beim Wassertragen. Sie sind aus der gesamten Gegend angereist, denn zur Festzeit können sie sicher sein, für ihre Dienste großzügig belohnt zu werden. Viele Menschen verteilen die Almosen, die zu den Festtagen fällig werden, bevorzugt auf den Friedhöfen, weil sie auf diese Weise hoffen, den Gaben auch Segenskraft für die Toten zu verleihen. Diese Almosen, die explizit im Namen der Verstorbenen vergeben werden, sind entweder Geldspenden oder Naturalien, Getreide und Fleisch, vielerorts auch Mehl oder Früchte und zum Fest des Fastenbrechens bevorzugt Datteln. Verteilt werden auch bereits zubereitete Speisen und Gebäck wie zum Beispiel *quras,* ein kuchenähnliches Gebäck, das ausschließlich als Almosen im Namen der Verstorbenen zubereitet wird.

⋆

Wenn in Marokko ein Kind zum ersten Mal am Ramadhanfasten teilgenommen hat, steht ihm zum Fest eine Belohnung zu. Plastiktrompeten, Barbiepuppen, Gummidinosaurier und täuschend echte Maschinengewehrattrappen entschädigen für die ersten Mühen der Enthaltsamkeit, zu denen Jugendliche eigentlich erst bei Eintritt in die Pubertät verpflichtet sind. Zu den Festtagen ziehen vor allem die männlichen Heranwachsenden in Gruppen durch die Straßen und liefern einander mit ihren neuen Waffen lärmende Gefechte. Aber auch die Kinder, die noch zu jung sind, um am Fasten teilzunehmen, werden an den Festfreuden beteiligt und sind in Gruppen unterwegs, um Zuckerwatte, Nüsse und Gebäck zu kaufen, von denen während der Festtage großzügige Mengen verzehrt werden. Abends machen sich die Familien geschlossen auf den Weg, um zu den Attraktionen in Marrakeschs Altstadt zu gelangen. In der Nähe der Kutubiya-Moschee spielen dunkelhäutige Musiker und Tänzer in weißen Kleidern afrikanische Rhythmen, die vom Publikum begeistert aufgenommen werden. Feuerschlucker und Schlangenmenschen führen, angespornt durch den euphorischen Beifall der

Menschenmenge, abenteuerliche Kunststücke vor. Wahrsager und Wunderheiler ziehen durch die Teehäuser und bieten ihre Dienste an. In den ausschließlich von Männern besuchten Teehäusern der Altstadt wird in manchen Ecken oder Hinterzimmern die Wasserpfeife wieder mit Haschisch gestopft. Zu Ehren Gottes haben die meisten kif-*Liebhaber während der Fastenzeit auf das verpönte Genussmittel verzichtet, doch zum Fest ist die Luft wieder vom schweren, süßen Rauch erfüllt.*

In der vornehmen Avenue de Gueliz in der Neustadt kann man in diesen Nächten auffallend viele Paare beobachten, die Arm in Arm die eleganten Auslagen der Schaufenster betrachten. In dem im Kolonialstil eingerichteten Café de France gibt es längst keinen Sitzplatz mehr. In der Nähe der Kuchentheke sitzt eine Gruppe junger, elegant-sportlich gekleideter Frauen, welche die Gesellschaft ihrer männlichen Kommilitonen, Verehrer, Liebhaber oder Verlobten gewohnt zu sein scheinen. Sie trinken Milchkaffee aus bauchigen Tassen, nippen an nicht immer alkoholfreien Cocktails, balancieren Mentholzigaretten auf langen Spitzen und unterbrechen von Zeit zu Zeit die lebhaften Gespräche, um die Kurznachrichten ihrer Mobiltelefone zu lesen. Glückwünsche zum Fest erscheinen auf dem Display, aber auch Vorschläge von Freunden, in welchem Kino, welcher Bar oder Diskothek der Abend fortgesetzt werden könnte. Aber wenn später die unmissverständliche Aufforderung von zu Hause eintrifft, heimzukehren, ist auch für die Töchter der Oberschicht der letzte Abend des 'id al-fitr *beendet.*

⋆

Neben dem Fasten im Ramadhan und der Wallfahrt nach Mekka gehören das islamische Glaubensbekenntnis, die rituellen Gebete und *zaka,* die Verpflichtung zu sozialen Abgaben, zu den fünf Grundpflichten, die auch als „tragende Säulen“ oder „das Fundament“ des Islam bezeichnet werden. Die Pflichten, welche die Menschen ihrem Schöpfer schulden, betreffen sowohl persönliche Bereiche wie auch die des gemeinschaftlichen Zusammenlebens. Im Koran sind sie als Handlungen beschrieben, die allgemein das Verhältnis zwischen Individuum, Gott und Gemeinschaft definieren. Die Details der Ausübung dieser rituellen Vorschriften orientieren sich an der Praxis des Propheten und der Urgemeinde in Medina.

Keine der aufeinander aufbauenden Grundpflichten kann durch eine andere ersetzt werden, keine hat ohne die anderen Bestand. Allenfalls auf die Wallfahrt nach Mekka kann als letzte und höchststehende Säule unter bestimmten Umständen verzichtet werden. So ist es zum Beispiel jemandem, der zu alt oder zu gebrechlich ist, um die konkrete Reise zu unternehmen, gestattet, diese durch eine spirituelle Reise zu ersetzen oder einen anderen Muslim stellvertretend mit der Ausführung dieser Pflicht zu beauftragen. Die Symbolik dieses Säulenmodells, auf dem das komplexe Glaubensgebäude Islam aufgebaut ist, wird von den islamischen Religionsgelehrten häufig aus dem Kontext der Zeit abgeleitet, in dem die einzelnen Grundpflichten eingeführt wurden. Die erste Säule, das Glaubensbekenntnis, das innerhalb der islamischen Urgemeinde als Treuebeweis gegenüber der neuen Religion und ihrem Begründer gilt und häufig auch als „Grundstein des Islam" bezeichnet wird, gründet auf einer Offenbarung aus der mekkanischen Phase. Die so genannte *schahada,* die den Glauben an den einen und einzigen Gott und Muhammad als seinen Gesandten bezeugt, hat nur Gültigkeit, wenn sie in bewusster und aufrichtiger Absicht und in der Originalsprache der Offenbarung, also auch von Nichtarabern auf Arabisch vorgetragen wird, und gilt auf der ganzen Welt als zentrale Aussage für die Zugehörigkeit zum islamischen Glauben.

Die zweite Säule, die Verpflichtung zu fünf über den Tag verteilten rituellen Gebeten, wurde unmittelbar nach der Himmelfahrt eingeführt, zu einem Zeitpunkt, als die Urgemeinde sich bereits auf die *hidjra* vorbereitete und mit den öffentlichen, vom Propheten geleiteten Gebeten identitätsstiftende Ordnung und den Zusammenhalt der neuen Glaubensgemeinschaft auch nach außen demonstrierte. Der rituelle Ablauf des Gebetes besteht aus Aufrechtstehen,

Rezitieren von Koranpassagen, Verbeugen und Niederknien. Das Gebet hat nur Gültigkeit, wenn es im Zustand ritueller Reinheit verrichtet wird. Dazu gehören bestimmte Säuberungsriten, und auch der Gebetsplatz muss definierten Reinheitsgeboten entsprechen. Mittels dieser Vorbereitungen begibt sich der Gläubige für den Zeitraum des Gebets in einen Weihezustand, in der er sich Gott näher als der irdischen Welt stellt.

Die dritte Säule legt innerhalb dieses nach außen abgesteckten Rahmens die Ordnung unter den Mitgliedern innerhalb der Glaubensgemeinschaft fest. Sie definiert die Verpflichtung zu sozialen Abgaben, welche für die Fürsorge, den Erhalt, die Entwicklung und die Verteidigung der islamischen Gemeinschaft vorgesehen sind. Die Vorschriften, die die Gläubigen zur Wohltätigkeit und Solidarität mit sozial schwächer Gestellten ermahnt, gründen auf Offenbarungen aus der mekkanischen Phase, fanden vor allem aber in Medina, im Aufbau des Gemeinschaftslebens, als Eingliederungshilfe der Neueinwanderer und zur Ausstattung der Soldaten in den ersten Eroberungsfeldzügen Anwendung.

Säule vier – die Fastenpflicht – und Säule fünf – die Pilgerreise nach Mekka – sind Gebote, die nach der *hidjra* – in einer Phase, in der das Gemeinschaftsleben weitgehend durch vorangegangene Offenbarungen geregelt war – eingeführt wurden und auf dieser Grundlage erneut die Definition des Verhältnisses zwischen Individuum, Gott und Gemeinschaft in den Vordergrund rückten. Insbesondere mystische Strömungen des Islam vergleichen das Fasten im Ramadhan mit einer spirituellen Reise, auf der sich der Gläubige in den Grundprinzipien vorausgegangener Offenbarungen – der Hingabe an Gott, der Moral und der Humanität – übt. Auf dieser Reise sollen Disziplin, Gemeinschafts- und Gerechtigkeitssinn erworben werden, unabdingbare Eigenschaften und Voraussetzungen für die konkrete Reise, die Pilgerfahrt nach Mekka.

Mit dem Modell der fünf Säulen als Organisationsform des irdischen Lebens im Hinblick auf eine Perspektive nach dem Tod kommt mit der letzten Säule, der Pilgerreise, am deutlichsten die Sehnsucht der Menschen zum Ausdruck, ihre persönlichen Alltagsmühen in ein ganzheitliches Sein einzuordnen. So wird der Besuch der *ka'ba*, die man auch das „Haus Gottes" bezeichnet, als Vorbereitung auf die allerletzte Reise des Menschen – in der Erwartung der Begegnung mit seinem Schöpfer – betrachtet. Der 1058 in Persien geborene Religions- und Rechtsgelehrte al-Ghazali vergleicht in seinem bedeutsamsten Werk *ihiya 'ulum ad-din* die verschiedenen Stationen der Pilgerfahrt mit den Stadien des Sterbens beziehungsweise dem Übergang von der irdischen in die spirituelle Welt. Sobald der Pilger seine Heimat und Familie verlässt, löst er laut Ghazali die Bande, die ihn an den Alltag, an das profane Leben binden. Der Proviant, den er für diese lange Reise mitnimmt, ist von vornherein genauso unzureichend wie die Provisorien, die ihn ins Grab begleiten. Das Reittier symbolisiert die Tragbahre, seine rituelle Kleidung entspricht der realen Form des Leichentuches. Die Hindernisse und Mühen der strapaziösen Reise durch die Wüste werden mit der Phase zwischen Tod und Auferstehung verglichen, die rituellen Umrundungen der *ka'ba* mit spirituellen Umkreisungen des Thrones Gottes, und schließlich wird das Berühren des schwarzen Steines als symbolische Manifestation des Bündnisses zwischen Mensch und Gott verstanden.

Auch für die Gläubigen der Gegenwart symbolisiert die Wallfahrt die Erfahrung der für Menschen größtmöglichen Nähe zu Gott. Diese spirituelle Annäherung verläuft über den Vollzug detailliert vorgeschriebener Riten, welche sich am Beispiel des Propheten orientieren, der im Jahre zehn nach der *hidjra*, kurz vor seinem Tod, die so genannte „Abschiedswallfahrt" in seine Heimatstadt Mekka unternahm. In Nachahmung der Tradition des Propheten beginnt der Gläubige lange vor Antritt der Reise mit den Vorbereitungen, die ihn in den Weihezustand versetzen, in dem ähnlich wie beim rituellen Fasten all sein Handeln auf Gott ausgerichtet sein soll und er sich von eigenen Interessen und irdischen Belangen löst. Wer zur Pilgerreise aufbricht, hat vorher seine wirtschaftlichen und privaten Verhältnisse in Ordnung zu bringen, und bevor er die Stadt erreicht, sich bestimmten Reinigungsriten zu unterziehen, bevor er das weiße Pilgergewand, aus zwei Stoffbahnen ohne Nähte bestehend, anlegen kann. Die eigentliche Zeremonie besteht aus Riten, die zum größten Teil aus vorislamischen Traditionen übernommen wurden. Dazu gehören sieben Umkreisungen der *ka'ba,* ein mehrmaliger Lauf auf einer Wegstrecke zwischen den Hügeln Safa und Marwa, das Erklimmen des Berges 'Arafat und das Werfen von Kieselsteinen auf drei verschiedene Haufen, was die symbolische Steinigung des Teufels darstellt. Die Wallfahrt wird mit dem Schlachtopfer am zehnten Tag des Pilgermonats abgeschlossen, und die Pilger treten aus dem Weihezustand wieder ins gewöhnliche Leben.

Den zurückkehrenden Pilgern wird in der Heimat großer Respekt entgegengebracht, denn der *hadji* oder die *hadja* – so lautet der Ehrentitel der Menschen, die alle ihre Grundpflichten erfüllt und spirituelle, aber auch irdische Erkenntnisse gewonnen haben – haben nicht nur die Heiligen Stätten umkreist oder berührt und Gottes Nähe auf dem Berge 'Arafat erfahren, sondern darüber hinaus auch viel von der Welt, die sich im Pilgermonat in Mekka versammelt, gesehen und gelernt. Es sind meistens alte Menschen, die ihr Leben lang für die bedeutsame Reise gespart haben. Im dementsprechend fortgeschrittenen Alter befindet sich daher ein Großteil der Mekkapilger, von denen viele gar nicht mehr über die physischen Kapazitäten für das kräftezehrende Ritual verfügen und daher von Angehörigen gestützt, getragen oder auf Tragbahren oder in Rollstühlen transportiert werden. Vielerorts ist es üblich, dass die erweiterte Großfamilie sich zusammenschließt, um dem ältesten Familienmitglied die Pilgerfahrt zu finanzieren. Auch die Moscheen und religiöse Stiftungen aus dem In- und Ausland vergeben Pilgerstipendien, damit Mittellose die Möglichkeit haben, der religiösen Pflicht der Pilgerfahrt nachzukommen.

Wer aus Mekka zurückkehrt, hat entweder *'umra,* die „kleine Pilgerreise" zu den Heiligen Stätten, oder *hadj,* die „große Pilgerfahrt" zur *ka'ba* und verschiedenen Stationen des Berges 'Arafat, vollzogen. Nur *hadj* ist eine religiöse

Pflicht. Die weit weniger mühevolle und kostenaufwändige *'umra* wird als verdienstvoller Gottesdienst betrachtet, so zum Beispiel als Zusatzleistung für alle diejenigen, welche die „große Pilgerreise" schon hinter sich haben. Beginn und Ende der *hadj* sind immer auf den Pilgermonat fixiert. Für die kleine Pilgerreise gibt es keine zeitlichen Vorgaben, doch wird sie bevorzugt im letzten Drittel des Fastenmonats Ramadhan unternommen, so kalkuliert, dass die Rückkehr unmittelbar auf den Beginn des Opferfestes fällt und die Reisenden ausführliche Gelegenheit haben, zu feiern und sich feiern zu lassen.

*

Auf der Anzeigetafel, die hoch über dem Gewirr auf dem Flughafen von Kairo die Aufmerksamkeit der Besucher auf sich lenkt, wirken die Ankündigungen der vereinzelten Flüge aus Europa oder Amerika ein wenig verloren, denn alle fünf bis zehn Minuten treffen neue Maschinen aus Saudi-Arabien ein. Die staatliche Fluggesellschaft Egypt Air hat eigens einen „Wallfahrt-Shuttle" eingerichtet, der Tausende von Reisenden von Djidda nach Kairo transportiert. Die aus Mekka zurückkehrenden Pilger sind nicht auf bestimmte Maschinen gebucht, sondern werden nach dem Zeitpunkt ihres Eintreffens oder je nach ihrer Begabung, sich vorzudrängeln, am Flughafen abgefertigt. Keines der Flugzeuge hat einen zeitlich fixierten Flugplan, sondern beantragt die Starterlaubnis erst, wenn alle Sitzplätze belegt sind. In Voraussicht der kühlen Wintertage in Kairo haben die meisten Reisenden ihr leichtes, weißes und aus einem zusammenhängenden Stück Stoff gefertigtes Pilgergewand schon vor der Reise wieder mit ihrer wärmenden Alltagskleidung vertauscht. Müde von den Strapazen der Reise und belastet mit zahlreichen Geschenken und Mitbringseln, werden die Pilger von ihren Verwandten in Empfang genommen. Vor lauter Erschöpfung und Freude über das Wiedersehen fließen Tränen. Eltern und Großeltern reagieren gerührt und mit Stolz auf die ehrfurchtsvollen Gesten und respektvollen Titel, mit denen sie von ihren Verwandten begrüßt werden. Die Busse und Autos schmücken weiße Bänder und grüne, mit Koransuren beschriftete Fähnchen. All die riesigen, mit Paketschnur und Klebeband zusammengehaltenen Koffer werden auf wackligen Dachgepäckträgern gestapelt. Der neue Staubsauger, die Mulinex aus Medina und das in Zwei-Liter-Plastikflaschen abgefüllte Wasser aus der als heilig geltenden Zamzam-Quelle werden im Kofferraum verstaut. Und wenn die jüngsten Familienmitglieder schließlich übereinander sitzen, damit die ehrwürdigen Pilger ausreichend Platz haben, geht die Fahrt endlich los durch die verstopften Straßen, in denen die ersten Reinigungstrupps bereits damit beschäftigt sind, die Metropole für das nahe Fest herauszuputzen. Seltener fahren die sonst überall präsenten Sammeltaxis ländliche Gebiete an. In den Provinzen sind es nahezu ausschließlich private Reiseunternehmen, welche die preisgünstigeren Reisen auf dem Land- und Seeweg organisieren. Die aus Mekka zurückkehrenden, über und über mit Fähnchen und Girlanden geschmückten, von Gepäck und Menschen überladenen Busse, die über die provisorischen Straßen des Nildeltas rollen und die entferntesten Beduinendörfer und abgelegensten Oasen in Sinai ansteuern, werden lautstark, freudig und mancherorts sogar mit Gewehrsalven begrüßt. Die Häuser der Rückkehrenden sind farbenprächtig bemalt, die Straßen mit Lichterketten geschmückt. Der ganze Ort nimmt Anteil, wenn einer von ihnen die Pilgerreise unternimmt.

★

Während der Fastenmonat wegen der unterschiedlichen Methoden der Neumondsichtung und Zeitbestimmung nicht überall auf der Welt zeitgleich verläuft und zuweilen in einem Land das Fest am Ende des Fastenmonats erst zu einem Zeitpunkt beginnt, wo es in einem anderen Land schon wieder endet, beginnen Pilgermonat und das Opferfest am zehnten Tag des Pilgermonats in globaler Synchronität. Seit 1986 wird in internationaler Übereinstimmung in diesem letzten Monat des islamischen Jahres auf der ganzen Welt das Resultat der Neumondsichtung vom Obersten Gerichtshof in Saudi-Arabien übernommen, so dass nicht nur Beginn und Ende des Pilgermonats, sondern auch das Opferfest auf der ganzen Welt zeitgleich stattfindet. *'id al-addha* am zehnten Tag des Pilgermonats erinnert an die Opferbereitschaft und Gottergebenheit des religiösen Urahn Abraham, von dem angenommen wird, dass er die *ka'ba* errichtet hat und dessen Tradition nach islamischem Selbstverständnis weitergeführt und im praktizierten Islam vervollständigt wird.

Für den einheitlichen Vollzug der Festriten sprechen neben praktischen beziehungsweise organisatorischen Argumenten vor allem religiöse Motive. Aus der Perspektive der Gläubigen sind die Pilger in Mekka das zentrale Bindeglied der *umma,* der internationalen Gemeinschaft der Muslime. Durch dieses Modell können alle, die nicht an der Wallfahrt teilnehmen, sich an jedem Ort der Welt mit den Pilgern in Mekka verbunden fühlen und zeitgleich mit ihnen die Riten vollziehen. Als konkreter Ausdruck dieser Verbundenheit gilt die rituelle Schächtung eines Schafes oder einer Ziege, eines Büffels, eines Kamels oder eines Rindes am zehnten Tag des Pilgermonats.

Dieser Ritus am Ende des Wallfahrtsrituals fand bis vor wenigen Jahren noch in der Tradition des Propheten auf einem Plateau vor dem Berge 'Arafat statt. Bei kontinuierlich steigenden Pilgerzahlen stand jedoch viel mehr Fleisch zur Verfügung, als die Pilger verzehren konnten und die Bedürftigen als ihren Pflichtanteil benötigten. Über Jahre kämpfte die Verwaltung der heiligen Stätten mit ernsthaften hygienischen Problemen; nach jedem Opferfest mussten Massen von Tierkadavern entsorgt werden. Längst haben führende Religionsgelehrte aus Saudi-Arabien und Kairo auf die Missstände des Überflusses reagiert und fordern in religiösen Rechtsgutachten nicht nur die Gläubigen in Saudi-Arabien dazu auf, statt Tieropfer Geldspenden zu leisten. Diese finanziellen Almosen sollen direkt zur Linderung der Not an bedürftige Muslime, bevorzugt an Opfer von Kriegen und Naturkatastrophen weitergeleitet werden. Die Sorge um die Existenz eines bedrohten Not leidenden Muslims – so heben es die Rechtsgutachten hervor – sei die vorrangigste Pflicht eines jeden Gläubigen. Das Tieropfer zum Fest am Ende der Pilgerfahrt dagegen gelte allenfalls als empfehlenswerte gute Tat, sei aber keineswegs in die religiösen Pflichten einzuordnen. Für die meisten der Muslime im Exil ist die Geldspende zum Opferfest eine willkommene Alternative, schon alleine deswegen, weil die rituelle Schächtung nicht überall durchgeführt werden kann. Finanzielle Almosen werden aber als Ausdruck von Familienverbundenheit verstanden und finanzieren meistens das Schächtungsritual ärmerer Familienmitglieder in der Heimat. Ansonsten findet der Vorschlag der Religionsgelehrten – Bedürftigen zum Opferfest Geld statt Fleisch zukommen zu lassen – keinen großen Anklang. Nach wie vor wird offensichtlich mehr aus symbolischen denn aus religiösen Gründen am Opferritus festgehalten. Die Behörden in Saudi-Arabien haben darauf reagiert und bieten inzwischen annehmbarere Lösungen an. Die meisten der Pilger vertrauen heute ihre Almosen der Islamischen Entwicklungsbank an, die mit diesen Geldern in Großschlachthöfen rituelle Schächtungen vornehmen lässt. So wird das Opferfleisch unter hygienisch optimalen Bedingungen schockgefroren und erreicht über das Jahr verteilt bedürftige Muslime in aller Welt.

*

Nach islamischem Ritus ist das Opfertier mit dem Gesicht in Richtung Mekka zu lagern. Ungefähr zwei Zentimeter unterhalb des Kehlkopfes werden ihm Luft- und Speiseröhre sowie beide Halsschlagadern mit einem einzigen Schnitt bis zur Wirbelsäule durchtrennt, um es anschließend vollständig ausbluten zu lassen. Das Fleisch gilt nur dann als *hilal*, rituell rein, wenn es frei von jeglichen Rückständen von Blut ist. Ebenfalls unerlässlich ist die während der Schächtung gesprochene Formel „*bismalla, Alla-u-akbar!*“ – Im Namen Gottes, Gott ist groß! –, ohne die das Fleisch aus religiöser Perspektive als ungenießbar betrachtet wird. Die Klinge des Messers soll vor jeder Schächtung so scharf wie möglich geschliffen werden, aber niemals vor den Augen der Tiere, die nach Möglichkeit einzeln geschlachtet werden und soweit voneinander getrennt sind, dass ihnen der Todeskampf ihrer Artgenossen nicht vor Augen geführt wird.

Die Schächtung ohne vorherige Betäubung war in Deutschland bis zum Zweiten Weltkrieg gängige Praxis und wurde erst 1933 im Rahmen der zahlreichen Restriktionen gegen die jüdische Bevölkerung verboten. Dieses Verbot betraf damals wie heute gleichermaßen auch das islamische Schlachtungsverfahren. Nach dem Krieg wurde den jüdischen Gemeinden, wo immer sie es in der Bundesrepublik beantragten, Sondergenehmigungen zum rituellen Schächten erteilt. Ähnliche Anträge der muslimischen Gemeinden wurden, bis auf wenige Ausnahmen, zurückgewiesen, auch unter Hinweis auf Verstöße gegen das Tierschutzgesetz. Die Begründungen deutscher Gerichte stützten sich auf islamische Rechtsgutachten aus Kairo und Istanbul, die in Hinblick auf die Situation von Exilmuslimen definiert hatten, dass der religiöse Ritus für besondere Notsituationen Ausnahmeregelungen ermögliche, so dass auch aus religiöser Perspektive auf eine rituelle Schächtung verzichtet werden könne. Eine Interpretation, die vielen der geschätzten dreieinhalb Millionen Muslime in Deutschland mehr oder weniger willkommen war, von anderen wiederum als unannehmbarer Kompromiss empfunden wurde. Muslimische Verbände in Deutschland, die sich für die Schächtung engagierten, kritisierten an den Rechtsgutachten der türkischen und ägyptischen Religionsgelehrten vor allem die Verwendung des Begriffs „Notsituation" und verfassten Gegengutachten, für die auch deutsche Islamwissenschaftler beauftragt wurden. Demnach sei nach den gültigen Interpretationsschulen eine Notsituation, die derartige Ausnahmeregelungen für den vorgeschriebenen Schächtungsprozess zulasse, nur dann gegeben, wenn unabwendbare Gefahr für Leib und Leben droht. Für die Mehrheit der in Europa und Amerika lebenden Muslime sei eine solche Situation nicht gegeben und somit dürften Muslime nicht weiter ungleich gegenüber anderen religiösen Minoritäten behandelt werden. Diese Auffassung teilte auch das Bundesverfassungsgericht in Karlsruhe. Im Januar 2002 hat es der Klage eines türkischen Metzgers aus Hessen stattgegeben und damit auch eine grundsätzliche Entscheidung zur Ausübung des Schächtungsgebots für Muslime getroffen.

*

Zwei Drittel vom verwertbaren Fleisch des Opfertieres steht den Armen zu, und die Familien, die selbst schlachten, müssen dafür Sorge tragen, dass die Almosen auch tatsächlich die Bedürftigen erreichen. Während sich auf dem Lande Geber und Empfänger persönlich kennen, sind die Spenden in der Stadt meist anonym. Wenn öffentlich geschlachtet wird, wird das Fleisch vielerorts vor Moscheen oder großen Plätzen in ein bis zwei Kilo große Portionen verpackt und an die versammelten Bedürftigen verteilt. Es kann aber auch direkt an die Moscheen oder Wohltätigkeitsorganisationen abgegeben werden, die die Verteilung an bedürftige Gemeindemitglieder organisieren oder damit Armentische ausrichten. Ähnliche Strukturen bestimmen die Ausgabe der Nahrungsmittel und finanziellen Almosen zum Ramadhan und zum anschließenden Fest.

*

Zum traditionellen Festgebet in der Schah-Djihan-Moschee in Londons Außenbezirk Woking wird verkündet, dass die finanziellen Ersatzleistungen für Schlachtopfer wie jedes Jahr sowohl in der Moschee als auch persönlich an die Bedürftigen verteilt werden können. Die größtenteils aus Pakistan stammenden Gemeindemitglieder der Schah-Djihan-Moschee, die zum Fest in die Heimat reisen, werden aufgefordert, sich gegebenenfalls als Almosen-Shuttle zur Verfügung zu stellen. Zwei Drittel der Spenden sollen in diesem Jahr für Kriegsflüchtlinge aus Afghanistan, die in ihre Heimat zurückkehren, als Starthilfe bereitgehalten werden. Von den übrigen Geldern sollen Computer für die Bibliothek des Islamischen Kulturzentrums angeschafft werden. Die religiöse Leitung der 1889 gegründeten und damit ältesten Moschee Englands erhofft mit dem Internet vor allem der zweiten und dritten Generation der Einwanderer den Kontakt zu den Brüdern und Schwestern in der islamischen Welt zu erschließen. Dabei zeigt die Homepage der Islamischen Studentengemeinde in Woking, dass die Jugendlichen nicht erst auf die Anschaffung von Computern aus Spendengeldern gewartet haben, sondern längst die vorhandene Technik an Schulen, Universitäten, Internet-Cafés oder heimischen Geräten nutzen. „Islam hat das gleiche Konzept wie Kapitalismus", lautet ein Slogan der Studenten. „Dein Erfolg hängt vom persönlichen Engagement ab. Doch im Unterschied zum weltlichen Kapitalismus, wo Wettbewerb die Güter begrenzt, ist Gott niemals knapp bei Kasse, da bekommt jeder eine Chance, so reich zu werden, wie er nur will."

Während in der Schah-Djihan-Moschee den Gläubigen empfohlen wird, dem Vorbild des Propheten zu folgen, der sich „zu den Armen aus Medina großzügiger verhalten habe als der Regen spendende Wind zum Wüstenland", gibt die Studentengemeinde im Internet Tipps, wie das Konzept der islamischen Wohltätigkeit von einem britischen Muslim des 21. Jahrhunderts zu praktizieren sei:

„Almosen müssen nicht immer materieller Gestalt sein. Du kannst sie auch in Form eines Lächelns oder durch freiwilliges Abwaschen, Hemdenbügeln, Schneeschaufeln auf dein Guthabenkonto bei Gott einzahlen. Die besonders wertvollen Almosen sind die, mit denen du einen Bedrückten zum Lachen bringst oder einem Belasteten einen Teil seiner Last abnimmst. Der Beschenkte muss nicht unbedingt materiell bedürftig sein. Ein Geschenk, das von Herzen kommt, hat jeder gern. Übernimm eine Runde Babysitting für stressgeplagte Eltern, oder spiel den Chauffeur für die Großeltern, damit ihnen freitags der Weg zur Moschee nicht so mühselig ist. Kümmere dich um die Vorschulkinder aus der Gemeinde, übe mit ihnen die rituellen Waschungen und Gebete, erzähle ihnen mit eigenen Worten vom Propheten, versuche ihnen auf kindgerechte Art deine eigene Begeisterung und Überzeugung zu vermitteln. Beantworte einmal alle nervigen Fragen deiner nicht muslimischen Kommilitonen. Noch besser: lade sie zum Fest zu dir nach Hause oder ins Gemeindezen-

trum ein, zeige ihnen die Moschee. Spendier dein Taschengeld für ein paar Überseegespräche in die Heimat mit Verwandten und Freunden, die vielleicht eine schlechte Zeit hinter sich haben oder dich einfach nur vermissen. Und bei aller Wohltätigkeit in Ehren, versäume um Gottes Willen darüber nicht deine Grundpflichten!"

*

Almosen und praktizierte Wohltätigkeit sind feste Bestandteile der Festkultur, aber sie zählen nicht zur *zaka*, der dritten Grundpflicht, die von jedem volljährigen Muslim, der unbelastet im Besitz von Vermögen ist, eine Abgabe von zweieinhalb Prozent auf produktives Vermögen erwartet. Neben den Pflichtbeiträgen haben die Gläubigen die Möglichkeit, Gottes Wohlgefallen durch zusätzliche freiwillige Leistungen zu erlangen, zum Beispiel durch Armenspeisungen. Während *zaka* sich vom ursprünglichen Konzept der privaten Sorge für die Bedürftigen zu einer öffentlichen Institution entwickelt hat und heute in einigen Ländern staatlich kontrolliert wird, betrachtet man *ssadiqa*, die freiwilligen Almosen, nach wie vor ausschließlich als vertrauliche Angelegenheit zwischen dem einzelnen Spender und Gott. Die Rechtsschulen sind sich einig, dass keine Macht der Welt befugt ist, in diesen Akt der Wohltätigkeit kontrollierend einzugreifen. Der Spender ist bezüglich der Bedingungen und des Umfangs der „Liebesgabe" ganz allein auf sein Gewissen oder vielmehr seinen Glauben gestellt.

Die Religionsgelehrten appellieren auch an die Kleinen, zumindest einen Teil ihrer *'idiya*, des Taschengelds zum Fest, mit weniger privilegierten Kindern zu teilen. Vielerorts arbeitet gegen ihre pädagogischen Bemühungen allerdings eine eigens auf die finanzkräftigen Kinder ausgerichtete Vergnügungsindustrie, die dafür sorgt, dass das Festtaschengeld, noch bevor solch edle Vorhaben in die Tat umgesetzt werden können, schon ausgegangen ist. *'idiya* hat keinen religiösen Hintergrund, steht aber in der historischen Tradition der Geschenke von Herrschern an treue Untergebene. In vielen Ländern erhalten Beamte und Angestellte des öffentlichen Dienstes auch heute noch eine Festzulage, und im privaten Bereich ist *'idiya* das Privileg der Kinder oder jungen Frauen, die zur Festzeit von ihren Verlobten Parfüm, Stoffe oder Goldschmuck erwarten, in ländlichen Regionen jedoch oftmals nur Butterfett, Honig oder Kuchen erhalten. Ägyptische Religionsgelehrte der Azhar empfehlen Eltern, ihren Kindern statt Geld individuelle Geschenke zu machen, welche die wahre Liebe der Eltern besser zum Ausdruck bringen. Doch sind die Rummelplätze erst einmal aufgebaut, ist es um die Herzen der Kleinen, die sich nach den unwiderstehlichen, aber kostspieligen Vergnügungen sehnen, ohnehin schon geschehen.

*

Im hochtechnisierten Spielpark Sindbad in Alexandria kostet allein der Eintritt schon umgerechnet einen Euro, die Fahrt mit der computeranimierten Geisterbahn oder dem Raumfahrtshuttle das Doppelte. Die beliebteste und teuerste Attraktion des Parks ist allerdings die Superslides-Rutsche, die man über 215 Treppenstufen erklimmen muss, um dann auf Pappkartons in rasendem Tempo zurück ins Festgewimmel zu rutschen.

Etwas abseits des Rummels kann man Fahrräder und Motorroller mieten. Internetcafés werben mit neuen Computerspielen. Auf der Strandpromenade bieten Fotografen ihre Dienste an, und mit Wimpeln geschmückte Ruderboote stehen bereit, um Familien in See stechen zu lassen. Besonders beliebt ist die Seereise bei Sonnenuntergang. Zu dieser Stunde ist das mediterrane Meeresbecken von buntbemalten, mit Lichterketten geschmückten Booten verziert, die oft erst zu später Stunde zurückkehren, wenn der Trubel sich gelegt hat und erste Aufräumtrupps sich der Müllberge annehmen, bevor am nächsten Morgen, am Tag nach dem Fest wieder der Alltag Einkehr hält.

4. Kapitel

In schmerzensreicher Erinnerung – Schi'itische Trauerfeste

Der zehnte Muharram war bereits in vorislamischer Zeit ein von ernster Stimmung geprägter Fastentag, der ursprünglich von Muhammad übernommen wurde und bis zum zweiten Jahr nach der *hidjra* für die Gläubigen verpflichtend war, dann aber durch den Fastenmonat Ramadhan ersetzt wurde. Damit ist das Fasten an diesem Tag keine Pflicht mehr, gilt aber weiterhin als religiös verdienstvolle Tat, die auch heute als besonders geeignet für die Einlösung eines Gelübdes oder als Ersatz für Versäumnisse im Ramadhan betrachtet wird. An diesem Tag sollen sich außerdem eine Reihe von bedeutsamen Ereignissen zugetragen haben, so zum Beispiel das Wiedersehen Adams und Evas nach der Vertreibung aus dem Paradies, das Landen der Arche und der glückliche Ausgang des Opfers Abrahams. In den meisten Ländern ist der Beginn des Muharram, als erster Monat im islamischen Kalender, ein offizieller Feiertag. In einigen Ländern Nordafrikas, aber auch in Indo-Pakistan wird das islamische Neujahr mit im Volksglauben verhafteten Feuer- und Reinigungsriten zelebriert, an denen sich auch Angehörige nicht-islamischer Religionsgemeinschaften beteiligen.

Für die Schi'iten, d. h. zehn bis zwanzig Prozent aller Muslime, sind die Erinnerungsfeiern an die tragischen Ereignisse ihrer Geschichte bedeutsamer als die allgemein freudigen Anlässe, welche insgesamt die Festtage des islamischen Kalenders prägen. Die ersten zehn Tage des Trauermonats Muharram sind dem Gedenken an den im Jahre 680 von den Umaiyaden ermordeten Prophetenenkel Hussain gewidmet. Höhepunkt der Feierlichkeiten ist *'aschura,* der Todestag Hussains am zehnten Muharram. Am zwanzigsten Safar findet *'arba'in,* die Gedenkfeier zum vierzigsten Tag nach seinem Tode, statt. Über die in der Gemeinschaft vollzogenen Trauerrituale nehmen die Gläubigen Anteil am Leid, das Hussain, seinem Vater 'Ali und seinen Kindern und Kindeskindern in der Opposition zu den Sunniten widerfahren ist. Gleichzeitig bilden die Feierlichkeiten auch das vereinende Glied der verschiedenen Traditionsketten, die sich im Laufe der Jahrhunderte innerhalb der Schi'a herausgebildet und sie voneinander getrennt haben. An das öffentlich demonstrierte Mitleid sind aber auch persönliche Erwartungen geknüpft, vor allem die Vergebung und Fürsprache Hussains am Tag des Jüngsten Gerichts. Über die Identifikation mit dem Märtyrer werden sowohl private als auch aktuelle politische Krisen relativiert und in umfassendere, Gott, die Schi'iten und die Welt betreffende Zusammenhänge gestellt, die auch der elendsten und gewöhnlichsten Existenz einen höheren Sinn verleihen.

*

Die schi'itische Trauerfestkultur hat ihre Ursprünge im Streit um die politische Nachfolge des Propheten. Während nach dem Tod Muhammads die Mehrheit der *umma* befand, dass das Amt des *khalif* – des Stellvertreters des Propheten – demjenigen zustehe, der die besten Fähigkeiten mitbringe, nach Gottes Vorgaben und Muhammads Vorbild die Gemeinde der Gläubigen zu leiten, und sich deswegen für Abu Bakr, einen der langjährigsten Vertrauten des Propheten, entschied, beanspruchte die Gruppe um 'Ali ibn Abi Ttalib – die sich später zur Schi'a, der Partei 'Alis, formierte – dieses Amt in der vererbbaren Tradition für 'Ali als Cousin, Schwiegersohn und Vater der direkten Nachkommen des Propheten. Die Nachfolger Abu Bakrs, der zweite Khalif Umar, der das Amt im Jahre 634 antrat, und der dritte Khalif Uthman, der es im Jahre 644 übernahm, wurden genauso wenig von der Anhängerschaft 'Alis akzeptiert, die weiterhin ihrem *Imam* die Treue hielten. Erst vierundzwanzig Jahre nach dem Tod des Propheten wurde 'Ali offiziell zum vierten Khalifen bestimmt, so dass ihm bis zu seinem Tod im Jahre 661 lediglich fünf Jahre an der Macht blieben. Nach seinem gewaltsamen Tode übernahm sein erklärter Gegner Mu'awiya das Amt, der bereits zu Lebzeiten seinen Sohn Yazid als Nachfolger designierte. Die Anhänger 'Alis jedoch hielten am Prinzip des *imamat* innerhalb der Prophetenfamilie fest und forderten nach dem Tod Mu'awiyas im Jahre 680 Alis Sohn Hussain auf, sie in ihrem Widerstand gegen Yazid zu unterstützen. Hussain, begleitet von rund siebzig Anhängern und Mitgliedern seiner Familie, folgte dem Aufruf einer Gruppe Oppositioneller aus Kufa, wurde jedoch in Kerbala von Truppen des Yazid aufgehalten, die ihm den Zugang zum Euphrat abschnitten und Hussain und nahezu seine gesamte Gefolgschaft ermordeten.

Muharrams-Zeremonien verkörpern auch in der Gegenwart die trennenden Aspekte zwischen Schi'iten und Sunniten, obwohl Feste zu Ehren der *ahl al-bait*, der Angehörigen des Hauses des Propheten, auch im sunnitisch geprägten Umfeld zelebriert werden. Allerdings erinnert man sich dort weniger gerne der Ermordung der schi'itischen Imame durch ihre sunnitischen Gegner und bevorzugt statt der Todesgedenkfeiern das Geburtsdatum für von der Vergangenheit ungetrübte Festlichkeiten zu Ehren der Heiligen Familie. In einigen Ländern werden sogar gemeinsame Zeremonien im Muharram abgehalten. Dort wo das Verhältnis zwischen Schi'iten und Sunniten ohnehin angespannt ist, führen schi'itische *'aschura*-Rituale, wie zum Beispiel die lautstarke Verfluchung der ersten drei Nachfolger des Propheten, die von den Sunniten als „rechtgeleitete Khalifen" verehrt, von den Schi'iten als Usurpatoren verachtet und als solche verwünscht werden, häufig zu heftigen Auseinandersetzungen und in der Konsequenz zum offiziellen Verbot der Zeremonien in der Öffentlichkeit. Im Iran, dem einzigen Land, in dem die Schi'a Staatsreligion ist, und in Ländern, in denen die Schi'a starken Einfluss hat, wie zum Beispiel in Bahrain, in Kuwait und nach dem Bürgerkrieg auch im Libanon, sind die schi'itischen Feste Nationalfeiertage und stehen dort auch im Dienste der Machtbestätigung der geistlichen oder politischen Eliten.

Im sunnitisch geprägten Ägypten sind es vor allem die mystisch orientieren Sufiorden, die im Rahmen intensiv betriebener Heiligenverehrung das Gedenken an Hussain zelebrieren. Anlässlich seines Todestages werden kleine Brote verteilt, von denen man sagt, dass sie mit der Segenskraft des in Ttanta bestatteten Nationalheiligen Ahmad al-Badawi behaftet sind, der sich häufig am Grabe Hussains aufgehalten haben soll, so dass alle, die daran glauben, das Hussainbrot das ganze Jahr über mit sich herumtragen, um vor kritischen Situationen gefeit zu sein. Zentrum der Gedenkfeiern ist die unter den schi'itischen Fatimiden im 12. Jahrhundert errichtete Hussainmoschee in der Altstadt von Kairo, in der sich in einem Schrein das abgeschlagene Haupt Hussains befinden soll. Auch Zainab, die Schwester Hussains, die die Schlacht von Kerbala überlebte, hat in der Altstadt von Kairo in einer nach ihr benannten Moschee eine viel besuchte Grabes- und Verehrungsstätte. Der Legende nach waren es Zainabs moralische Appelle, die Khalif Yazid in Damaskus dazu bewegten, den Überlebenden der Schlacht von Kerbala die Freiheit zurückzugeben. Zu den Befreiten gehörte auch Hussains Sohn 'Ali Zain al-'Abidin, der einzige überlebende männliche Verwandte, der dadurch in der Lage war, die Reihe der zwölf schi'itischen Imame weiterzuführen. Während die Schi'iten in Zainab die Retterin und Bewahrerin ihrer Tradition sehen, erfüllt die Heilige bei den Sunniten die Funktion einer Schutzpatronin, unter deren Obhut sich vorrangig Frauen stellen. Sie gilt vor allem als Ansprechpartnerin und Trösterin der Witwen, Waisen, Kranken und Einsamen. Für die Bewohner des Sayyida Zainab-Viertels im Süden Kairos aber ist sie schlichtweg die „Mutter der Ägypter".

*

Die meisten der Frauen sind bereits in der Morgendämmerung eingetroffen, andere haben die ganze Nacht lang auf den Stufen des Seiteneingangs der Moschee verbracht. Die Frauen finden erst nach dem Frühgebet Einlass, bis dahin ist die Sayyida Zainab Moschee ausschließlich den Männern vorbehalten. Erst nach Sonnenaufgang werden die großzügigen Räumlichkeiten durch Holzparavents in Männer- und Frauensektionen getrennt, wobei der Schrein der Zainab sich im Teil der Frauen befindet, an den aber auch von der Männerseite aus herangetreten werden kann.

Am zehnten Muharram sind die in den Trauerfarben schwarz und weiß gekleideten Frauen in den frühen Morgenstunden unter sich, denn an diesem Tag fühlen sich die Männer verpflichtet, dem Schrein des Prophetenenkels in der Hussainmoschee ihre Aufwartung zu machen. Dem Volksglauben nach soll anlässlich dieses besonderen Feiertags Hussain und vielleicht sogar der Prophet persönlich sich an den Feierlichkeiten beteiligen, ungesehen, doch eindringlich spürbar von jedem rechten Gläubigen. An den offiziellen Festzeremonien in der Hussain-Moschee nehmen zahlreiche Frauen teil, doch die meisten der regelmäßigen Besucherinnen der Sayyida Zainab Moschee halten ihrer Schutzpatronin auch am Todestag ihres Bruders die Treue. Wie gewohnt betreten sie die Moschee durch den Fraueneingang über den Marmorhof, wo sich an diesem Tag zahlreiche Bettler eingefunden haben, die auf Festgebäck und mit Falafel gefülltes Brot warten, das die Besucherinnen als religiöse Almosen unter den Bedürftigen verteilen. Auf ihrem Weg zum Schrein küssen die Frauen alle Schwellen, die sie überschreiten, bis sie sich im Gedränge an die Gitter pressen, die das Heiligtum umgrenzen. Besonders die Berührung der zur Grabesstätte gewandten Seite der Gitterstäbe wird als segensreich betrachtet, und die meisten suchen solange wie möglich im Einflussbereich von Zainabs baraka *zu verweilen. Am Abend vor dem Fest ist der Sarkophag mit neuem weißem Tüll eingedeckt worden, und vor der Glasscheibe, die hinter den Gitterstäben das Heiligtum schützt, sind frische Blumen neben den vom Staub befreiten Plastikblüten arrangiert. Während die Frauen mehrere Male das Grab umkreisen, begrüßen sie die Heilige und sprechen Huldigungsgebete, die auf die schwierige Situation der Zainab am Tag der Schlacht von Kerbala Bezug nehmen, die aber auch die persönlichen Belange der Bittstellerinnen zur Sprache bringen:*

„Geliebte Sayyida Zainab, Fürsprecherin der Armen und Waisen, der Unterdrückten und Rechtlosen, bewahre uns

vor dem Bösen, lass die Gerechtigkeit siegen über unsere Unterdrücker. Du Perle des Hauses des Propheten, unser aller Mutter, habe Erbarmen mit mir, nimm Dich meines Schicksals an ...".

Den ganzen Tag über herrscht um das Heiligtum ein solches Gedränge, dass das Ordnungspersonal die Anwesenden immer wieder zum Weitergehen auffordern muss, damit auch neu eintreffende Besucherinnen Zugang erhalten: „Gesegnet sind die, welche unsere Dame nur mit kurzen Besuchen beehren." Die freundlich formulierten, doch energisch zum Ausdruck gebrachten Ermahnungen hallen durch die Moschee, bleiben aber weitgehend ohne Resonanz, weil es den Frauen – in der Tradition der Feier von Todestagen – in erster Linie darauf ankommt, dass so viele Menschen wie möglich den Angehörigen Solidarität und Beistand demonstrieren.

Im Laufe des Nachmittags treffen immer mehr Menschen, darunter auch schi'itische Pilger aus dem Ausland, Frauen und Männer und Familien mit Kindern ein. Wie jedes Jahr ist auch eine schi'itische Delegation aus Indien angereist, von wo einst eine Art Patenschaft für das Grab Zainabs übernommen und die kunstvoll gefertigte Kuppel des Schreins und seine Gitter aus Edelhölzern, Silber und Kupfer gestiftet worden waren. Lautes Weinen, Klagen, Schläge auf die Brust und Schmerzensschreie durchdringen jetzt die weihevolle Stille der Sayyida Zainab Moschee, die an gewöhnlichen Tagen nur von verhalten gesprochenen Bittgebeten der Frauen und allenfalls dem Lachen und Lärmen ihrer Kinder durchdrungen wird. Doch an diesem Tag stimmen alle in die laute Melancholie ein, die erst gegen Abend verklingt, wenn die meisten der Frauen sich auf den Heimweg machen und die fremden Besucher zu den Festlichkeiten um die Hussain-Moschee zurückkehren.

*

Einige Frauen sind auch außerhalb der Festtage regelmäßig in der Sayyida Zainab Moschee anzutreffen. Dienstagabend gilt als bevorzugtes Datum für ein Treffen mit der Prophetenenkelin, und ihr Geburtstag ist ein mehrtägiges Festival in Kairo, das Pilger aus dem gesamten Land anzieht. Historiker bezweifeln, dass Zainab jemals in Ägypten gelebt hat beziehungsweise ob sich in dem mit Brautschleiern dekorierten Sarkophag tatsächlich ihre sterblichen Überreste befinden. Ähnliche Unklarheiten betreffen auch den Schrein in der Hussain-Moschee, denn Hussains mit einem Schwert vom Rumpf abgetrennter Kopf, der Yazid nach Damaskus übersandt worden sein soll, hat nicht nur in Ägypten, sondern auch in der Umaiyadenmoschee in Damaskus, im irakischen Nadjaf und im israelischen Aschkelon Verehrungsstätten. In der mystischen Heiligenverehrung sind die sterblichen Überreste eines Heiligen nicht wirklich von Belang, entscheidend ist, ob an der Verehrungsstätte dem Heiligen auf einer transzendenten Ebene begegnet werden kann. Die meisten Besucherinnen der Sayyida Zainab Moschee werden ohnehin nicht in Frage stellen, dass es sich bei dem von ihnen verehrten Grab um das tatsächliche Grab der Zainab handelt, und diese Annahme mit ebendiesen transzendenten Erfahrungen begründen. Zainab hat ihre Anwesenheit mit der ihr nachgesagten Fähigkeit, Kranke zu heilen und auf diesem Gebiet vor allem Expertin für seelische Leiden zu sein, bestätigt. Für die schi'itischen Besucher stehen die Besuche der Schwester des Imam an den Festtagen vor allem in der Tradition der *ziyarat 'arba'in,* dem Besuch der Gräber Hussains und seiner Gefährten am vierzigsten Tag nach der Schlacht von Kerbala.

*

Als Zainab, 'Ali Zain al-'Abidin und die wenigen Überlebenden am Hofe Yazids freigelassen wurden, begegneten ihnen auf ihrer Rückreise nach Medina zahlreiche Menschen, die mit den zu dieser Zeit üblichen Trauerritualen – Schläge auf Kopf und Brust, Beschmutzen des Gesichtes, Zerraufen der Haare und Zerreißen der Kleider – ihre Anteilnahme ausdrückten. Selbst die weiblichen Angehörigen des Yazid sollen sich an einer sieben Tage lang währenden Trauerkundgebung beteiligt haben. Zainab und ihre Verwandten reisten von Damaskus aus über Kerbala, wo sie zu *'arba'in* eintrafen und an diesem Tag erstmals die provisorischen Massengräber besuchten. Die Trauerrituale auf dem ehemaligen Schlachtfeld wurden von der lokalen Bevölkerung auch nach ihrer Ankunft in Medina weitergeführt. Initiatoren dieser über das ganze Jahr stattfindenden Zeremonien war eine Gruppe aus Kufa, die sich *tawwabun,* Büßer, nannte und von Schuldgefühlen getrieben, Hussain in seiner Not nicht beigestanden zu haben, schwor, seinen Tod zu sühnen. Die schmerzensreichen Klagen der *tawwabun* vermengten sich mit politischen Demonstrationen gegen das *khalifat* der Umaiyaden und wurden als solche auch prompt verboten. Den Anhängern der Partei 'Alis wurde der Zugang zum Schlachtfeld untersagt und die Gräber der Märtyrer wurden eingeebnet. Die Restriktionen vermochten über das Jahr die Trauernden von Kerbala fernzuhalten, im Muharram waren sie jedoch wirkungslos. Wer immer Solidarität mit der Partei 'Alis beweisen wollte, kleidete sich in den ersten zehn Tagen des Trauermonats in dunklen Farben und schloss sich den religiös-politischen Demonstrationen an. Mitte des 7. Jahrhunderts erhielten die Prozessionen so viel Zulauf, dass die Regierung in Damaskus das Schlachtfeld von Kerbala mit den Wassern des Euphrats überfluten ließ. Die Legende besagt, dass die Gräber verschont und trocken geblieben seien, weil selbst ein Fluss mehr Respekt vor der Familie des Propheten habe als die verhassten Feinde der Schi'iten. Es war nicht der letzte Versuch, den Ursprung der Spaltung zwischen Schi'iten und Sunniten vergessen zu machen, Kerbala aber gilt bis heute als das bedeutsamste schi'itische Pilgerzentrum der Welt.

*

Am Todestag Hussains herrschte Ausgangssperre, die militärischen Angriffe auf Bagdad standen unmittelbar bevor. Zu 'arba'in *ist die Hauptstadt bereits von britischen und amerikanischen Truppen eingenommen. Alle Busverbindungen nach Kerbala sind ausgebucht, die Sammeltaxis völlig überladen, es ist schwierig, an Benzin zu kommen, und für alle Strecken mit Privatfahrzeugen sind kompliziert zu beantragende Son-*

dergenehmigungen notwendig. Viele Menschen, die es zum Heiligtum auf das ehemalige Schlachtfeld in Kerbala zieht, um dort die Trauerzeremonien nachzuholen, die während des Krieges nicht abgehalten werden konnten, haben sich zu Fuß auf den Weg durch die Wüste gemacht.

So beginnt der Pilger bereits auf der Reise Hussains Martyrium nachzuspüren: Er fühlt die Hitze, die einst auch den Imam quälte, er spürt den Durst, mit dem Hussains Martyrium begann, als Yazids Truppen ihm den Weg zum Euphrat abschnitten. Er empfindet das Leid nach, von fremden Usurpatoren schikaniert zu werden. So findet in der Masse der Hunderttausenden von Gleichgesinnten endlich all das angesammelte Leid und der Schmerz über die erfahrene Gewalt ein Ventil, weil keine weltliche Macht der eigenen und der für Hussain empfundenen Trauer mehr Grenzen zu setzen vermag.

Über eine Million Menschen nehmen an den 'arba'in-*Prozessionen teil, die erstmals nach vierundzwanzig Jahren nicht mehr unter den Auflagen der staatlichen Kontrollen von Massenkundgebungen stehen. Unter Saddam Hussain wurden die schi'itischen Gläubigen, die im Irak die Mehrheit ausmachen, zwar nicht daran gehindert, die heiligen Stätten zu besuchen, Prozessionen oder Kundgebungen anlässlich der Feste waren jedoch unerwünscht und wurden in Krisenzeiten, so zum Beispiel an* 'aschura *1977 im Rahmen von gegen die Regierung gerichteten Demonstrationen und während des Golfkriegs im* Muharram *1991, mit harschen Maßnahmen durch das Militär unterbunden. Für Pilger aus dem Ausland, insbesondere dem Iran, wurden Besuchszeiten über das gesamte übrige Jahr vorgegeben, und Festlichkeiten in den Trauermonaten konnten allenfalls im Umfeld der Moscheen der kleineren Städte und Dörfer im schi'itisch geprägten Süden des Landes stattfinden.*

Einen Ansturm wie in diesem Jahr hat die 500 000 Einwohner zählende Provinzhauptstadt Kerbala in jüngster Zeit nicht erlebt, und es ist mit Sicherheit nicht nur die Anteilnahme am erlittenen Schicksal des ermordeten Imam Hus-

sain, welche die Massen zur Teilnahme an den Prozessionen und Demonstrationen um das Heiligtum zieht. Plakate und Slogans künden von den Parallelen, die man zwischen den Ereignissen der Vergangenheit und der Gegenwart zieht. Empörung über erfahrene Gewalt durch einen militärisch überlegenen, als moralisch verwerflich und skrupellos empfundenen Gegner werden lautstark zum Ausdruck gebracht: „Nur die Imame und unsere Religionsgelehrten kennen unseren Weg!", „Sofortiger Rückzug der Amerikaner!", „Überall ist Kerbala, jeden Tag 'aschura*". Die am häufigsten zu lesende und zu hörende Botschaft lautet jedoch: „Hussain!" In schlichter arabischer Druckschrift auf bunter Leinwand gedruckt oder in kunstvoller Kalligraphie in Weiß und Gold auf schwarzes Tuch gestickt und auf unzähligen Papierwimpeln an allen Gebäuden der Stadt befestigt. „Hussain!", ruft die Menge wieder und wieder im Rhythmus von Trommeln und Pauken, von Blasinstrumenten akzentuiert, welche die Geschwindigkeit der Schläge vorgeben, mit der sich die Demonstranten mit Fausthieben auf die Brust schlagen und sich mit Ketten auf den Rücken, mit Schwertern auf den Kopf zielen. Und wenn auch die meisten Schwerter stumpf, viele Ketten aus Leichtmetall sind, so fließt doch beeindruckend viel Blut, verursacht durch Schnitte mit Rasierklingen in die oberste Schicht der Kopfhaut, welche wenig schmerzreich, doch sehr effektvoll Opferbereitschaft symbolisieren.*

Schmerzensrituale unter Einsatz von Messern und Schwertern sind erstmals im Kaukasus und in Aserbaidschan in der ersten Hälfte des 17. Jahrhunderts praktiziert worden. Im Iran und Irak sind sie erst seit dem 19. Jahrhundert bekannt, wurden und werden auch von führenden schi'itischen Religionsgelehrten größtenteils ablehnend oder zumindest kritisch betrachtet. Heute sind die blutigen Rituale in den meisten Ländern offiziell verboten und werden vielerorts nur noch in angedeuteter Symbolik vollzogen, haben aber in den letzten Jahren in Regionen, wo die Regierung nicht so genau hinsieht, oder wie in Afghanistan und Irak an Autorität verloren hat, eine blutige Renaissance erfahren. Für die Gläubigen ist

Hussain, der sich nach herrschender schi'itischer Lehre im vollen Bewusstsein seines Schicksals für den „wahren Islam“ opferte, nach wie vor die Identifikationsfigur für die in die Opposition gedrängten Schi'iten, und sein Martyrium steht aktueller denn je für den selbstlosen, gottgerechten Kampf gegen Unterdrückung und Ungerechtigkeit. Die demonstrativ zur Schau getragenen Qualen erfüllen nicht zuletzt auch die Funktion eines Appells an das Unrechtsbewusstsein der Gegner. Das Interesse an der Verbreitung dieser Botschaften mag die religiösen Autoritäten im April 2003 dazu bewogen haben, den Journalisten erstmals direkte Übertragungen aus dem Heiligtum in die Fernsehhaushalte in Europa und Amerika zu gestatten, wo doch in Umkehrung der einstigen Verbote von Nicht-Schi'iten gegen Schi'iten das Betreten des ehemaligen Schlachtfeldes von Kerbala nun allen Nicht-Schi'iten durch Schi'iten strikt untersagt war.

*

Das bis zum 9. Jahrhundert aufrechterhaltene Verbot der Gräberbesuche in Kerbala förderte in Medina den Trauerkult im häuslichen Umfeld. Die ersten dieser im Geheimen abgehaltenen Gedächtnisfeiern fanden im Hause des verwaisten 'Ali Zain al-'Abidin statt und wurden später von seinen Nachfahren weitergeführt. Anlässlich dieser *madjalis* genannten Feierlichkeiten waren Koranrezitatoren und Dichter geladen, die mit kunstvollen Rezitationen und klagenden Versen die Leiden Hussains in Erinnerung riefen. Die Veranstaltungen erfreuten sich solcher Beliebtheit, dass sie bald auch von den höheren Schichten der Bevölkerung in Medina und in Kufa nachgeahmt wurden. Der Berufsstand des *na'ih,* des professionell Trauernden, profitierte von diesem Trend genauso wie der des *naqqal,* des Überlieferers volkstümlicher Epen und Heldensagen, der nun der Nachfrage entsprechend sein Genre auf Märtyrerliteratur ausweitete. Rezitatoren mit hoher Stimmlage, tränenbeladenem Timbre und ausdauerndem Engagement fürs grausame Detail entsprachen über Jahrhunderte dem Geschmack der Zeit. Solcherart Begabte ihres Fachs konnten mit ihren

Künsten ein Vermögen verdienen, und ihre Fähigkeiten waren bald nicht nur im Muharram, sondern das gesamte Jahr über, insbesondere im Rahmen der großen islamischen Feste, gefragt, deren bis dahin fröhlicher Charakter vom Zeitgeist der tragischen Melancholie überschattet wurde. Trauerzeremonien entwickelten sich aber auch zum festen Bestandteil privater Feierlichkeiten, z. B. der Namensgebungszeremonie und Beschneidung, Verlobung, Hochzeit und Beerdigung – Feiern, welche die einzelnen Entwicklungsstufen eines jeden Muslims in einen religiösen und mit diesen Zeremonien auch in einen spezifisch schi'itischen Rahmen stellen.

In dieser Funktion werden *madjalis* auch heute noch aufgeführt. Sie sind zwar nur noch selten Bestandteil anderer islamischer Feste, werden aber nach wie vor auch außerhalb des Monats Muharram anlässlich besonderer Ereignisse im privaten Umfeld zelebriert. Heute sind sie meistens an ein Gelübde gebunden, etwas Besonderes für die Familie des Propheten leisten zu wollen. So zum Beispiel, wenn ein Kranker genesen, ein Konflikt ausgestanden, ein persönlicher Wunsch in Erfüllung gegangen ist, aber auch wenn ein neues Haus oder eine Wohnung bezogen wird, ein Kind ein Examen bestanden hat, jemand wohlbehalten von einer langen Reise oder der Pilgerfahrt zurückgekehrt ist oder sonst eine Situation eingetreten ist, für die man Gott danken will und die der Außenwelt angezeigt werden soll. In ländlichen Gebieten Irans und Aserbaidschans finden solche Veranstaltungen das ganze Jahr über in den frühen Morgenstunden eines Freitags statt. *Madjalis* im Muharram dagegen sind auf die Nachmittagsstunden angesetzt, meistens an mehreren aufeinander folgenden Tagen, in der Form einer Fortsetzungsserie, die jeden Tag eine weitere Station des Martyriums nachvollzieht. Sie werden mit einer Ansprache eines Geistlichen eingeleitet, der den zeitgenössischen Bezug zur Thematik herstellt, dann zu den Überlieferungen der Hussain-Leiden überleitet und zum Schluss die Veranstaltung mit Koranrezitationen ausklingen lässt. Zwischendurch werden den Gästen Erfrischungen und anlässlich besonderer Festtage auch eine stärkende

Mahlzeit gereicht. Die Trauerfeiern werden fast überall nach Geschlechtern getrennt und vielerorts nur im Kreis von Frauen zelebriert. In Iran, Pakistan, Indien und der Türkei zählen einige dieser religiösen Versammlungen, die von Damen der High Society veranstaltet werden, zu den gesellschaftlichen Ereignissen, die ähnlich wie Benefizveranstaltungen auch einem wohltätigen Zweck gewidmet sind. So manch eine sehnt sich danach, nur einmal zum Kreise dieser prominenten Trauergäste dazuzugehören, der sich – von den Journalisten und Fotografen der Klatschpresse detailreich dokumentiert – für Hussain und das Gemeinwohl engagiert. *Madjalis* sind aber durchaus nicht nur der Oberschicht vorbehalten. Oft teilen sich mehrere Veranstalter die Finanzierung, legen eine Großfamilie, Nachbarinnen oder, wie im Iran, Berufsgenossenschaften zusammen, um dann an wechselnden Veranstaltungsorten, in verschiedenen Privathäusern oder in den Büros und Geschäften der einzelnen Geldgeber, Hussain-Gedenkfeste auszurichten.

*

Die Entwicklung von öffentlichen zu privaten oder von privaten zu öffentlichen Trauerfestlichkeiten wird bis heute vorrangig von politischen Rahmenbedingungen bestimmt. Ab 945, unter der Herrschaft der schi'itischen Buyiden im Westiran und Irak, entwickelten sich neue Formen öffentlicher Trauerkultur, die erstmals unter Ahmad Mu'izz al-Daula gefördert und institutionalisiert wurden und schon bald von weiteren schi'itischen Dynastien wie den Hamdaniden in Mossul und Aleppo und den Fatimiden in Kairo und Damaskus aufgenommen und weitergeführt wurden. *Madjalis* fanden zwar weiterhin in Privathäusern statt, waren nun aber mit Mitteln aus dem Staatshaushalt oder aus Spenden wohlhabender Bürger subventioniert, um sie allen Schichten der Bevölkerung zugänglich zu machen. Für die Gedenkveranstaltungen wurden eigene, wenn auch vorerst provisorische Räumlichkeiten geschaffen. In überdachten Höfen von Moscheen und Karawansereien oder Zelten auf öffentlichen Plätzen richtete man die so genannten *hussainiyat* oder *takiya* ein. Schwarze Flaggen kennzeichneten die Veranstaltungsorte von außen, ihre Innenräume waren mit dunklen Tüchern ausgekleidet. Ähnlich wie das private Trauerprogramm bestanden auch die öffentlichen Hussain-Gedenkveranstaltungen aus einer Mischung aus Koranrezitationen, religiösen, literarischen und poetischen Darstellungen der Leidensgeschichte Hussains, die von musikalischen Darbietungen, Hussain-Lobpreisungen und -Trauergesängen sowie zur Steigerung der Dramatik eingesetzten Knabenchören ergänzt wurden. Unter dem Protektorat kunstinteressierter Sponsoren entwickelten sich die *hussainiyat* zu literarischen und musikalischen Salons, die dem dort auftretenden Künstler nicht nur die Aussicht auf Belohnung im Paradies, sondern bereits im irdischen Kontext Anerkennung einbrachten. Bereits unter den Buyiden sind erste Martyrologien und Elegien, die in kapriziöser Reimprosa das Leiden Hussains und den Tod der Imame beschreiben, in Auftragsarbeiten entstanden. Die ältesten überlieferten Texte stammen jedoch erst aus der Safawidenzeit. Diese so genannten *maqatil* und *marathi* sind überwiegend in arabischer Sprache verfasst worden und werden bis heute auch in nicht arabischsprachigen Regionen im Original mit anschließender Übersetzung aufgeführt. Zu den Klassikern der Trauerliteratur zählen jedoch auch Kunstwerke in Persisch und in Urdu, die zum Teil sogar von nichtmuslimischen Autoren verfasst wurden.

Ab dem 17. Jahrhundert entwickelten sich im Iran parallel zu diesen kunstvoll stilisierten Darbietungen erste Vorformen szenischer Darstellungen der Leidensgeschichte Hussains. Dazu gehörten großformatige Ölbilder mit den Schlüsselszenen der Schlacht von Kerbala, die von den Rezitatoren der Martyrologien vor dem Publikum aufgespannt wurden. Es gab Zeichnungen, auf denen die gesamte Leidensgeschichte in einem einzigen Bild festgehalten war, und Darstellungen, die der Chronologie der Ereignisse entsprechend in mehrere Bilder aufgeteilt wurden, so dass der Erzähler mit dem Zeigestock von Bild zu Bild wandern und sich dadurch komplexere Vortragstechniken mit Orts- und Zeitsprüngen entwickeln konnten. Sehr beliebt waren außerdem Leinwandrollen, die ähnlich wie Zeichentrickserien aufgebaut im Einklang zwischen visueller und akustischer Darbietung nach und nach abgerollt wurden. In den Prozessionen der „lebenden Bilder" dagegen wurde ganz auf Texte verzichtet, deren Inhalt jedem Schi'iten ohnehin bis ins Detail geläufig sind. An *'aschura* zogen von Tieren oder Menschen gezogene Wagen durch die Stadt, auf denen zu statischen Positionen verdammte Schauspieler die verdurstende Prophetenfamilie, erstochene oder mordende Kämpfer und sogar das abgeschlagene Haupt des Hussain, das Yazid auf einem silbernen Tablett präsentiert wird, darstellten. Manch schauriger Zug bestand ausschließlich aus Wagen, die den Anschein machten, mit Planen verhüllte Leichenberge zu transportieren, aus denen menschliche, mit Tierblut gefärbte Gliedmaßen hervorragten.

Erste überdachte Gebäude, die ausschließlich dem Gedenken Hussains dienten, entstanden im 18. Jahrhundert, zunächst in den schi'itischen Enklaven in Nordindien, wo diese Veranstaltungsorte *imambara* oder *'aschurkhana* heißen. Ihre Gestaltung wurde über Architekturwettbewerbe ausgeschrieben und ihre Ausstattung mit Kristallleuchtern, Gold- und Silberdekoration so überladen, dass den Trauergästen kaum mehr Raum für die Durchführung der Zeremonien blieb. Bis Mitte des 18. Jahrhunderts sollen alleine in Lakhnau 18 000 solcher Verehrungsstätten entstanden sein.

Im Iran wurden *hussainiyat* erst Ende des 18. Jahrhunderts gebaut, entwickelten sich dann aber unter dem Protektorat der Qadjaren, die der von den Safawiden eingeführten schi'itischen Erinnerungskultur viel Aufmerksamkeit entgegenbrachten, zur Grundausstattung eines jeden Dorfes und Stadtviertels. Sie wurden größtenteils aus Spendengeldern wohlhabender Bürger, mit großzügigen Zuschüssen aus dem Staatshaushalt finanziert. Die großen *hussainiyat* waren meistens an fromme Stiftungen mit Ländereien, Ausbildungs- und Produktionsstätten angeschlossen, deren Erlös ihren Erhalt und ihre Aufwendungen, wie zum Beispiel Armenspeisungen an *'aschura* und *'ar-*

ba'in, garantierte. Auch im Iran wurde großen Wert auf das prunkvolle Interieur der Verehrungsstätten gelegt und diese mit kostbarsten Teppichen und Dekorationen ausgestattet, die sich zuweilen aus Leihgaben aus der gesamten Nachbarschaft und in den Städten sogar aus dem Privatbesitz des Königshauses zusammensetzte. Mit den *hussainiyat* kam allmählich Bewegung in die statischen Präsentationen der Leidensgeschichte Hussains. Berichte europäischer Reisender beschreiben erste szenische Umsetzungen der Schlacht von Kerbala auf Wagenbühnen, die über die Dörfer zogen. Die frühen Aufführungen gegen Ende des 18. Jahrhunderts waren noch geprägt vom Tabu der figürlichen Darstellung. Aus Scheu, die Rollen des Hussain und seiner Familie mit Schauspielern aus Fleisch und Blut zu besetzen, wurde die Existenz der heiligen Familie durch Symbole angedeutet oder teilweise auch mit Statuen ersetzt, in die ein Mensch hineinschlüpfen und seine Gliedmaße bewegen konnte. Als im 19. Jahrhundert erstmals Schauspieler begannen, diese Rollen zu verkörpern, wurde vermieden, ihre Gesichter zu zeigen. Bis in die Gegenwart halten die Darsteller der *ta'ziya*, wie die szenische Umsetzung der Leidensgeschichte Hussains genannt wird, Distanz zu ihren Rollen, denen sie zwar durch ihren Körper und ihre Stimme Gestalt geben, ohne sich aber in diese auch psychisch hineinzuversetzen. Zur Aufgabe eines Schauspielers, der einen mordenden Soldaten spielt, gehört, sich wie ein schlechter Mensch aufzuführen, zu fluchen, sich unkultiviert und gewalttätig zu benehmen, doch zum dramatischen Höhepunkt – wenn Hussain und seine Getreuen bereits die weißen Märtyrergewänder anlegen – hat das Publikum vollstes Verständnis, wenn der Schurke über das Unrecht, das der Familie des verehrten Imam in der Vergangenheit angetan wurde, bittere Tränen vergießt. Die Zuschauer müssen nicht entscheiden, wem sie ihre Sympathie schenken, denn die Bosheit und Verwerflichkeit der Umaiyaden wird bereits mit dem Blutrot ihrer Kostüme, ihren groben Ausdrucksformen in ungereimter Prosa offensichtlich herausgestellt. Die sympathischen Rollen dagegen tragen Trauerfarben oder Grün, die Farbe des Propheten, und bringen alles, was sie zu sagen haben, singend und in kunstvollen Reimen vor. Im Vordergrund der *ta'ziya* steht immer der Schauspieler, der die Rolle darstellt, sich aber nicht mit dieser identifiziert, so dass er, wenn ihm zum Beispiel danach ist, mitten im Spiel eine Pause einlegt und am Rande der Bühne einen Kaffee zu sich nimmt oder im Publikum nach Feuer für seine Zigarette fragt. Die Trennung zwischen Darsteller und Darstellung wird konsequent durchgehalten, was durch umständliches Ablesen der Rollen oder durch direkte Ansprachen des Spielleiters an das Publikum verstärkt wird, der zum Beispiel erklärt, was Hussain in der vom Schauspieler nur dargestellten Situation erlitten, gefühlt und gedacht hat, ohne dass zuweilen dem Schauspieler Hussain diese ergreifenden Emotionen anzumerken sind. Mit dieser Technik wird die Atmosphäre für eine Überbrückung zwischen historischer Vergangenheit und Gegenwart erreicht, denn egal wie detailgetreu das Schauspiel auch konzipiert sein mag, für die Gläubigen entspräche es immer nur einer Annäherung und niemals dem wahren Ausmaß der tatsächlichen Tragödie, der ihre Tränen gewidmet sind und von denen sie sich versprechen, dass sie ihnen als Guthaben für den Eintritt ins Paradies angerechnet werden.

Während die Wanderbühnen ihre Aufführungen unter freiem Himmel spielten und die Zuschauer in den Dörfern im Schatten von Zeltplanen oder Bäumen auf dem Boden saßen, stand den Bewohnern der Städte die elegant eingerichtete *hussainiyat* zur Verfügung. Unter Schah Nassir ad-Din wurde 1870 die *takiya ad-daula*, eine Art National-*hussainiya* gebaut, die viertausend Zuschauern Platz bot und das ganze Jahr über Passionsstücke auf seinem Spielplan führte. Die Aufführungen konnten kostenlos besucht werden, denn aus religiöser Perspektive sollen sowohl die Theaterbetreiber als auch die Schauspieler für ihre Leistungen einzig Gottes Lohn am Tage des Jüngsten Gerichtes erwarten. Die *takiya ad-daula* war allerdings mit großzügigen Mitteln aus dem Staatshaushalt ausgestattet und unterhielt einen eigenen Spielleiter und mehrere Schauspieltruppen. Auch private Ensembles arbeiteten bereits auf kommerzieller Basis und ließen sich für private Anlässe, unter anderem bei Beschneidungs-, Hochzeits- oder Beerdigungsfeiern, engagieren. Während die *ta'ziya* im übrigen Jahr auch durch volkstümliche, biblische und sogar komische Thematik variiert wurde, kamen in den ersten zehn Tagen des Muharram ausschließlich die klassischen Darstellungen in chronologischer Reihenfolge der jeweilig für diesen Tag spezifischen Ereignisse zur Aufführung. Die Bühnenstücke begannen meistens mit einem *madjalis*-Vorprogramm in den frühen Morgenstunden und erstreckten sich über den gesamten Tag, unterbrochen von Umzügen und Prozessionen sowie von Gebeten in den Abendstunden. Während der Theateraufführung wurde an die Zuschauer eine Art Kaugummi verteilt, der den Tränenfluss förderte, und zur Stärkung der zu Tode Betrübten wurde mit Rosenwasser und mit Kräutern gewürztes Wasser gereicht, während auf der Bühne Hussain und seine Gefährten, abgeschnitten vom Zugang zum Euphrat, dürsteten. Wenn das Leid sich ins Unerträgliche steigerte, wurden von Schauspielern und Publikum gemeinsame Teepausen eingelegt.

Im Iran hatte mit der Konstitutionellen Revolution, die das Ende der Qadjarendynastie einleitete, das religiöse Drama seine Förderer verloren. Die Initiatoren der Revolution, unter ihnen viele Geistliche, lehnten *ta'ziya* als dekadente, von den Qadjaren zur Unterhaltungskultur transformierte Perversion schi'itischer Trauerzeremonien ab. Schah 'Ali Reza Pahlavi, der das Land ab 1926 auf westlich orientierten Modernisierungkurs steuerte, galt die *ta'ziya* wiederum als zu religions- und traditionsverhaftet, so dass 1930 ein offizielles Aufführungsverbot angeordnet wurde. Von diesem Zeitpunkt an verschwanden *ta'ziya* zwar vom offiziellen Festspielprogramm, wurden aber weiterhin in Dörfern und Kleinstädten und im Verborgenen in Teheran auf die Bühne gebracht und boten dort den Rahmen für subtil verpackte Kritik an der Regierung und Raum für Entfaltungsmöglichkeiten von Oppositionellen. *Ta'ziya*-Aufführungen, die entgegen der offiziellen Verbote im Rahmen von Theaterfestivals aufgeführt wurden, zogen Tausende von Zuschauern, aber auch die Aufmerksamkeit von internationalen Kunstinteressierten und Intellektuellen an, die mit einer Unterschriftenaktion den Schah aufforderten, das Aufführungsverbot aufzuheben. An oberster Stelle der Liste stand sogar die Unterschrift seiner Frau, doch der Geheimdienst, der beauftragt wurde, diesen Antrag zu überprüfen, riet dem Schah aufgrund des revolutionären Potentials der *ta'ziya* von diesem Anliegen ab. Dennoch wurden die schi'itischen Passionsspiele in den letzten Regierungsjahren der Pahlavis mehr oder weniger geduldet und den erfolgreichsten Theatertruppen sogar ermöglicht, Einladungen ins westliche Ausland wahrzunehmen. Das internationale Interesse am persischen Passionsspiel ermutigte iranische Intellektuelle im Exil, sich an moderne Adaptionen der Schlacht von Kerbala zu wagen, die ihre Unzufriedenheit mit dem Schahregime zum Ausdruck brachten. Yazid wurden Ähnlichkeiten mit dem Schah zugeschrieben, und Hussain war nicht mehr länger der duldende Märtyrer, sondern Revolutionär, der bereit ist, für Gerechtigkeit und den wahren Glauben zu kämpfen. Während der Islamischen Revolution wurde die tausend Jahre alte Tragödie dann tatsächlich noch einmal zur aktuellen Botschaft und zum Leitmotiv für die mobilisierten Massen, die 1979 den Schah aus dem Land trieben und Khomaini den Weg an die Macht ebneten. Mit der Ausrufung der Islamische Republik Iran ist Muharram wieder von offiziell zur Schau getragener Trauer geprägt.

*

Während *ta'ziya* in den vielfältigsten Variationen bis heute im Iran, Irak, in der Türkei und im Südlibanon aufgeführt werden, sind die „lebenden Bilder" in Öl oder auf Wagenprozessionen im Zeitalter der „laufenden Bilder" mit Film, Fernsehen, Kino und Videoanimation außer Mode geraten. 1982 wurde die Schlacht von Kerbala erstmals in Pakistan als Kostümverfilmung umgesetzt. „Das Blut Hussains" wurde jedoch aufgrund des Einspruchs einiger orthodoxer Religionsgelehrter niemals im Kino oder Fernsehen gezeigt, weil die Konservativen die Imitation der Heiligen Familie durch Filmschauspieler als Sakrileg verurteilten und eine solch aufgeheizte öffentliche Debatte auslösten, dass der Film schließlich verboten wurde. Auch in Ägypten hatten sich bereits in den sechziger Jahren Film- und Theaterregisseure an modernen Versionen der Hussain-Thematik versucht und dabei bewusst historische Bezüge vermieden, um gegen die Anschuldigungen aus dem religiösen Lager gewappnet zu sein. Diese Produktionen fielen jedoch größtenteils aufgrund ihres gesellschaftskritischen Ansatzes der politischen Zensur zum Opfer.

Bildhafte Umsetzungen der Ereignisse von Kerbala werden von orthodoxen Religionsgelehrten auch heute noch vehement abgelehnt. Nicht zuletzt deswegen basieren Trauerprozessionen auf einer ausgeprägten Symbolsprache, die sich zwar regional in unterschiedlichen „Dialekten" ausdrückt und doch in der gesamten schi'itisch geprägten Welt verstanden wird. So wird Hussain zum Beispiel durch *nakhl,* die ursprünglich aus Palmzweigen gefertigte Totenbahre, symbolisiert. Diese wird heute aus Holz hergestellt und mit kunstvollen Kalligraphie-Schnitzereien, Intarsien und Palmzweigen geschmückt in Umzügen herumgetragen. In vielen Regionen Irans wird *nakhl* auf öffentlichen Plätzen oder vor Moscheen aufgestellt, und während des Muharram sind manche Stadtviertel richtiggehend von *nakhl*-„Wäldern" verziert. Weitere Symbole Hussains sind *tabut,* sein stilisierter Sarg, oder Schreinrepliken, die im indopakistanischen Raum auch *ta'ziya* genannt werden. In Nordindien schmücken diese Repliken, die mit Blumen, bunten Glühbirnen und Kerzen dekoriert sind, auch die Häuser der Sunniten und Hindus. Aufwändiger gefertigte Modelle, die so genannten *zariya,* sind bis zu sechs Meter hoch und werden das gesamte Jahr über in der *'aschurkhana* ausgestellt. Die *zariya* sind aus kostbaren Materialien, Metall oder Edelhölzern mit Elfenbeineinlagen, gefertigt und mit Gold und Silber beschlagen. Die Herstellung dieser Kultgegenstände hat in Nordindien seit dem 16. Jahrhundert Tradition; jeder Region sind spezifische Elemente eigen. Ursprünglich war der Bau der *ta'ziya* und *zariya* den Berufsgilden vorbehalten, die sie der jeweiligen Profession entsprechend gestalteten. Bis heute fertigen Gärtner Schreine aus Blumen, Ästen und Moos, Bäcker schaffen süße Kunstwerke aus Kuchen und Schokoladen, Weber aus buntem Brokat und Seidenstoffen und Glasarmreifen-Händler von innen beleuchtbare, in tausend Farben glitzernde Schmuckstücke. Viele Familien stellen ihre *ta'ziya* selber her, reichere Familien geben sie bei Handwerkern in Auftrag; sie werden zuweilen auch als Werbegeschenke an gute Kunden verteilt. Für die Herstellung der *zariya* müssen staatliche Lizenzen erworben werden, die ursprünglich von der britischen Kolonialverwaltung eingeführt wurden. Diese sind heute nicht mehr automatisch den Gilden vorbehalten, und es sind überraschenderweise überwiegend sunnitische Familien, die sich um dieses teure Privileg bemühen. Jedes *'ashurkhana* beherbergt seine eigene *zariya* für ein Jahr, und jedes Jahr zum Todestag Hussains wird die *zariya* des Vorjahres in feierlicher Atmosphäre beerdigt. In Lakhnau finden diese „Massenbeerdigungen" auf einem Feld außerhalb der Stadt statt, das Kerbala genannt wird. In anderen Städten Indiens werden diese auch ins Meer versenkt oder den Fluten des Ganges übergeben.

Obwohl heute nur eine Minderheit der Bevölkerung der nordindischen Provinz Uttar Pradesch dem schi'itischen Glauben angehört, ist die Region vom ersten Tag des Muharram an von den Trauerfestlichkeiten geprägt, an der sich Sunniten genauso wie Hindus und Sikhs beteiligen, die zuweilen aber auch von heftigen Auseinandersetzungen zwischen den Religionsgemeinschaften erschüttert sind und in den letzten Jahren, wenn überhaupt, dann nur unter starkem Polizeiaufgebot stattfinden konnten. Dennoch wird der schi'itischen Trauerzeit Respekt entgegengebracht, so dass im Muharram die meisten Vergnügungsstätten, Kinos und Diskotheken geschlossen und vielerorts Alkohol und laute Musik aus dem Alltag verbannt sind. Die regionalen Fernsehprogramme und privaten Radiosender stellen auf ein moderates Programm um, das weitgehend auf Unterhaltungssendungen verzichtet und stattdessen Schwerpunkte auf kulturelle und religiöse Themen setzt. Auch die Vergnügen des Privatlebens werden in den ersten zehn Tagen des Muharram zurückgestellt. Die Gläubigen fasten, verzichten auf Zigaretten und Süßigkeiten. In diesem Monat finden keine Familienfeiern statt, und Musliminnen, von denen sich viele das ganze Jahr über unverschleiert in der Öffentlichkeit bewegen, bedecken ihr Haar mit dunklen Tüllschals. Die ersten neun Tage werden Kleider mit moderaten Farben, vor allem weiß, getragen, ab dem Todestag des Imam wird für vierzig Tage schwarze Kleidung angelegt. Viele Frauen verzichten zusätzlich auf Schmuck und Make-up.

Einzig am siebten Muharram werden die düsteren Farben von bunten überdeckt, wird in der schi'itischen Welt inmitten des Trauermonats ein Freudenfest, die Hochzeit der Prophetenurenkel gefeiert. Die Vermählung der Fatima Kubra, der Tochter Hussains, mit seinem Neffen Qasim war einst an ein Versprechen geknüpft, das Hussain seinem ermordeten Bruder Hassan gegeben hatte. Im Bewusstsein des Schicksals, das Hussain und Qasim erwarten sollte, wurde die Hochzeit, für die die Kinder eigentlich noch viel zu jung waren, auf dem Schlachtfeld von Kerbala vorgezogen, das wenig später zum Grab des erst elfjährigen Bräutigams wurde. In dieser Tradition stehen die Festlichkeiten am siebten Muharram.

*

In Lakhnau beginnt das Fest unmittelbar nach den im Fernsehen übertragenen madjalis, *die in Indien täglich bei Sonnenaufgang und Untergang abgehalten werden. Die öffentlichen Trauerveranstaltungen in den drei großen* 'aschurkhana *der Stadt sind ausschließlich den Männern vorbehalten. Selten sind dort auch einmal die Frauen zu expliziten Frauen-*madjalis *eingeladen, finden aber zu privat organisierten Gedenkfeiern in ihren Häusern zusammen, wozu meistens die Dienste einer geschulten Rezitatorin gemietet werden. Bis im Anschluss der* madjalis *sich die kilometerlangen Züge soweit formiert haben, dass sie sich in Bewegung setzen können, ist es oftmals schon Mittag geworden. Die Wasserverteiler, die mit jedem Becher, den sie den Teilnehmenden und Zuschauern reichen, an die sengende Hitze auf dem Schlachtfeld in Kerbala und den Durst erinnern, mit dem* das Martyrium Hussains seinen Anfang nahm, haben alle Hände voll zu tun. Auch die Tiere, Pferde, Kamele und geschmückten Elefanten, werden noch einmal getränkt, bevor der Zug sich endlich in Bewegung setzen kann. Die ganze Stadt ist auf den Beinen, und viele Besucher sind gekommen, um an der Hochzeit der Prophetenenkel teilzunehmen. Im Anschluss an die Segnung des Brautpaares werden vor dem 'aschurkhana Almosen, Geld, Süßigkeiten und Kleider an die Armen verteilt. Nach der Vermählungszeremonie bewegt sich der Hochzeitszug auf einer Strecke, die zwischen den drei großen schi'itischen Heiligtümern in und vor der Stadt nur wenige Kilometer beträgt, sich aber über den gesamten Tag hinzieht. Dem Zug voran werden die Tiere geführt, dahinter folgen die Träger der Schreinrepliken und der Standarten der Prophetenfamilie, die schwarzen Trauerflaggen und vielfach die filigran aus Metall oder Holz gefertigte, mit Seide und Brokat umschlungene stilisierte Hand des Abbas, Neffe und Standartenträger Hussains, dem beim Versuch, für die Durstigen Wasser vom nahen Euphrat zu holen, beide Hände abgeschlagen wurden. Die fünf nach oben gerichteten Finger sind das Symbol der Schi'a und verkörpern die fünf Mitglieder der Prophetenfamilie: Tochter Fatima inmitten ihrer Söhne Hussain und Hassan, der kleine Finger stellt 'Ali dar, der Daumen Muhammad. Ein weiteres, in Indien häufig benutztes Symbol der Schi'a ist Duldul, der weiße Maulesel 'Alis, der als Ausdruck des unwiederbringlichen Verlusts der Imame ungesattelt, häufig auch blutverschmiert, die Prozessionen begleitet. Während der Hochzeitsprozession läuft Duldul an der Seite der in einer Sänfte reisenden Braut. Klagegesänge von Knabenchören, dumpfe Paukenschläge und Trauergesänge begleiten den Zug genauso wie Unterhaltungsorchester, die Hochzeitsmelodien spielen und von tanzenden Mädchen umgeben sind. Erst bei Anbruch der Dunkelheit werden die Kultgegenstände von Fackelträgern in das 'aschurkhana zurückgebracht, das mit Tausenden von Kerzenleuchtern in gleißend helles Licht getaucht ist. Die Teilnehmer der Prozessionen ruhen sich in den von Öllam-

pen erhellten Gärten aus, Jugendliche ziehen mit der Fahne des Qasim und einem überdimensionalen Pfeil durch die Gassen, der die Todeswaffe symbolisiert, durch die der Bräutigam ums Leben kam und der von allen als glücksverheißendes Symbol berührt werden möchte. Die frühmorgendlichen madjalis *beschließen das Fest, und ein neuer, von tiefer Trauer geprägter Tag beginnt.*

*

In den meisten schi'itisch geprägten Regionen endet die Trauerzeit nicht mit der Erinnerungszeremonie an Hussains Ermordung am zehnten Muharram, sondern mit einem Fest, das seine spirituelle Transformation, seinen Status als Heiliger, der sich bis über den Tod hinaus für die Belange der Schi'iten einsetzt, markiert. Diese Zeremonie wird am *'arba'in*, also dem vierzigsten Tag nach der Beerdigung, gefeiert, welcher allgemein den Abschluss der Trauerzeit und nach religiöser Vorstellung auch den Abschluss bestimmter Transformationsprozesse der Seele bedeutet. Die Seele eines Normalsterblichen tritt am vierzigsten Tag nach seinem Tod in einen zeitlosen Zustand über, in dem er abhängig von Gottes Gnade den Tag des Jüngsten Gerichtes erwartet. Nur wenigen von Gott Auserwählten, darunter den Märtyrern, wird das Privileg zuteil, unmittelbar nach ihrem Tod das Paradies zu betreten. Deswegen wird am zwanzigsten Safar, vierzig Tage nach der Enthauptung Hussains auf dem Schlachtfeld von Kerbala, das Fest der Wiedervereinigung des Kopfes Hussains mit Leib und Seele und sein Eintritt in das Paradies zelebriert. Im Iran und Irak besucht man an diesem Tag die schi'itischen Wallfahrtsstätten, und es finden auch Prozessionen mit Selbstgeißelungen statt. In Indien werden an diesem Tag die letzten *ta'ziya* und *zariya* beerdigt oder in den Fluten versenkt. Vielerorts verlaufen die Festlichkeiten äußerst fröhlich und sind in einigen Regionen wie z. B. im Maghreb mit Maskenumzügen von ausgesprochen karnevalesken Elementen geprägt.

*

Als Freudenfest wird auch *'id al-ghadir*, vielerorts auch *ghadir al-khum* genannt, am achtzehnten Tag des Pilgermonats gefeiert. Das Fest nimmt auf eine Rede des Propheten Bezug, in der er kurz vor seinem Tod, auf der Rückreise der Wallfahrt nach Mekka, der so genannten Abschiedswallfahrt, über die von Gott gewährten Qualitäten 'Alis und seine wichtige Funktion innerhalb der Gemeinschaft der Gläubigen gesprochen hat. Die Rede am Teich von Khum, kurz vor dem Tod des Propheten, gilt den Schi'iten als Legitimation des Machtanspruches 'Alis, die Sunniten dagegen sehen darin lediglich eine Loyalitätsbekundung gegenüber Muhammads Schwiegersohn und keinesfalls eine politische Designation. Als das Fest erstmals im Jahre 962 unter den Buyiden eingeführt wurde, drückten die sunnitischen Gläubigen ihre Ablehnung gegenüber der schi'itischen Interpretation der *khum*-Rede mit Gegenveranstaltungen aus, die dem Andenken der sunnitischen Khalifen und ihrer Ergebenheit zum Propheten gewidmet waren, so zum Beispiel die Zeremonie der Totenwache Abu Bakrs am Grabe Muhammads. Bis heute hat das Fest Initiationscharakter und markiert den Zusammenhalt verschiedener gesellschaftlicher Schichten der schi'itischen Gemeinschaften. Zu den Festzeremonien gehören Armenspeisungen und Kleidergaben an Bedürftige. Vielerorts ziehen Kinder von Haus zu Haus und tragen Lieder, Gedichte und kleine Szenen vor, um Gelder für die Bedürftigen und Süßigkeiten für sich selbst zu sammeln.

Von den schi'itischen Herrscherhäusern, die für sich die Abstammung von der Prophetenfamilie in Anspruch nahmen, wurde *'id al-ghadir* auch als Bestätigung ihres eigenen Machtanspruchs zelebriert und war unter den Safawiden in Persien und den Fatimiden in Ägypten Staatsfeiertag. Um ihre gottgerechte Herrschaft hervorzuheben, wurden staatliche Auszeichnungen und Orden verliehen, politische Gefangene und Sklaven in die Freiheit entlassen, es fanden großzügige Armenspeisungen statt, und es wurden Dichter und Sänger bezahlt, die Loblieder auf 'Ali und Hussain mit politischer Propaganda für das Herrscherhaus kombinierten und auf Tournee durch das ganze Land geschickt wurden. Der achtzehnte Tag des Pilgermonats wurde mit Militärparaden und Ansprachen der Herrscher gefeiert, die sich vom Volke bejubeln ließen und Wallfahrten zu den Gräbern der Imame unternahmen.

Unter späteren Regierungen im Iran, die ihren Machtanspruch nicht mehr auf heilige Abstammung stützen konnten, rückte der Einfluss der Religionsgelehrten zunehmend in den Vordergrund. Unter den Qadjaren wurde *'id al-ghadir* als letzter Tag der Zahlung der in den Grundpflichten verankerten religiösen Almosen festgesetzt, von denen die Religionsgelehrten einen bestimmten Anteil für ihre Dienste zur Betreuung der Gemeinde beanspruchten. Mehr als einmal wurde *'id al-ghadir* auch außerhalb des Irans in kritischen Zeiten zum Prüfstein des Verhältnisses zwischen Regierung und religiösen Autoritäten, die sich häufig zu Anwälten des sozial schwächer gestellten Volkes machten und damit die Macht über die Massen besaßen. Über diesen Einfluss konnte sich selbst die Pahlavi-Dynastie nicht hinwegsetzen und hielt aus diplomatischen Gründen an den unter den Qadjaren eingeführten Staatsbanketten für die Geistlichkeit fest. Die Ära der prunkvollen, aus dem Staatshaushalt gesponserten schi'itischen Feste hatte jedoch längst ihr Ende gefunden.

Zwar ist *'id al-ghadir* heute im Iran und Kuwait wieder ein Nationalfeiertag, die offiziellen Beiträge beschränken sich jedoch auf im staatlichen Fernsehen und Radio übertragene Ansprachen hochrangiger Geistlicher. Im Iran schenkt man sich an diesem Tag gegenseitig aus Gebäck hergestellte und mit Honig gefüllte Figuren. In die süßen, durchaus sympathischen Darstellungen der Umaiyaden-Khalifen wird am Festtag mit Messern gestochen, um unter Freudentrillern der Frauen und Triumphgeschrei der Kinder den Honig auslaufen und die Figuren zusammenfallen zu sehen. Das Motiv der unerwünschten Herrscher wird anlässlich *'id al-ghadir* gerne auch zur Reflexion über gegenwärtige Ungerechtigkeiten, wie zum Beispiel die Kriege gegen Afghanistan und Irak, genutzt, und der achtzehnte Tag im Pilgermonat wird häufig als glücksbringendes Datum für wichtige Entscheidungen gewählt.

Neben den süßen Khalifen gibt es mancherorts auch Kuchenpferdchen zu kaufen, massiv gebacken, ohne Füllung und damit unverwundbar. Duldul ist auch das Symbol des zwölften und letzten Imam Muhammad al-Mahdi, welcher Mitte des 9. Jahrhunderts auf wundersame Weise in die Verborgenheit entrückte und an dessen angekündigte und sehnlichst erwartete Rückkehr die Erwartung der Vermittlung göttlicher Gerechtigkeit auf Erden geknüpft ist. Auch dem letzten Imam ist anlässlich seines Geburtstags am zwölften Scha'ban ein Freudenfest mit Lichterprozessionen, artistischen Feuerspielen und Feuerwerk gewidmet, das der schi'itischen Sehnsucht und der Hoffnung auf Erlösung von allem Elend und aller Ungerechtigkeit in der Welt Ausdruck gibt.

5. Kapitel

Zu Ehren der Freunde Gottes – Heiligenfeste

Kein Tag im islamischen Kalender, an dem nicht irgendwo auf der Welt wenigstens einem Heiligen ein Fest gewidmet ist. Einzig im Fastenmonat Ramadhan pausiert der Kult um die *auwliya'*, auserwählte Menschen, die auch nach ihrem Tod als Mittler zwischen Schöpfer und der Schöpfung betrachtet werden. *Mulid,* die Feste zu Ehren der Heiligen, die eigentlich ihre Todestage markieren, um jedoch zu einem Freudenfest Anlass zu geben, als ihre Geburtstage zelebriert werden, gelten als besonders geeignet, um ihnen an ihren Gräbern die Aufwartung zu machen und ihnen persönliche Anliegen und Wünsche anzutragen. Wer den *auwliya'* das eigene Schicksal anvertraut, hofft, dass die einflussreichen Verstorbenen, die einst selber als Menschen gelebt und gefühlt haben, verständnisvoller und einfühlsamer mit ihren Problemen umgehen als der allmächtige, unfehlbare Gott, der nach islamischen Grundsätzen den Menschen gegenüber unnahbar und unvorstellbar bleiben muss. Aus der Sehnsucht nach Berührung der göttlichen Sphäre hat sich ein, aus religiöser Perspektive äußerst umstrittener, im Volksglauben sehr verbreiteter, auf emotionale Erfahrungen ausgerichteter Heiligenkult entwickelt. Die Heiligen bilden untereinander eine Hierarchie, die jedoch von ihren unterschiedlichen Anhängern nicht immer übereinstimmend bewertet wird. Sie entstammen aus zu Lebzeiten unterschiedlichen Personenkreisen; dazu gehören der Prophet und seine Verwandten, Begründer und Leitfiguren großer Dynastien und des mystischen Sufiordens oder aber Menschen, die sich psychisch auffällig verhalten, was als typisches Zeichen für Gottesnähe interpretiert wird. Allein in Ägypten sind über dreihundert Feste für verschiedene Lokalheilige registriert, doch weltweit sind die *mulid*, die Feste zu Ehren der Heiligen, die oftmals nur für ein Dorf oder eine einzige Familie von Bedeutung sind, ungezählt. Manche Feste finden in solch kleinem Rahmen statt, dass sie fast schon familiären Charakter haben, andere, wie die Gedenktage der schi'itischen Imame oder Ehrentage der Begründer der großen Sufiorden, ziehen mehrere hunderttausend Menschen zu einem sich über Tage und Wochen erstreckenden Festival an.

Lokale Traditionen und Kulturelemente, die von der jeweiligen Regierung favorisierte Ausrichtung des Islam, das spezifische Verhältnis zwischen politischen und religiösen, städtischen und ländlichen Autoritäten, aber auch wirtschaftliche Faktoren und gesellschaftliche Transformationsprozesse haben die sehr verschiedenen Heiligenfeste geprägt, die heute auf der ganzen Welt solch unterschiedliche Erscheinungsformen aufweisen, dass sie kaum mehr in eine Kategorie zusammengefasst werden können.

*

Auwliya' sollte es vor ihrem Tod nicht bewusst sein, dass sie von Gott auserwählt sind, und selbst wenn sie um ihren besonderen Status wissen, sollten sie sich als Heilige nicht zu erkennen geben. In der Konsequenz kann den *auwliya'* erst nach ihrem Tod gehuldigt werden. Faktisch werden jedoch mindestens so viele lebende wie verstorbene Heilige verehrt, wobei die Lebenden sich meistens als Erben ihrer verstorbenen heiligen Vorgänger und damit als Bewahrer eines tradierten und tradierbaren Privilegs der Nähe zu Gott begreifen. Kostbarster Bestandteil der heiligen Überlassenschaft ist *baraka,* eine von Gott gewährte, immaterielle Kraft, welche die Heiligen bis über den Tod hinaus verinnerlicht haben und ausstrahlen, so dass auch gewöhnliche Menschen vom göttlichen Segen profitieren können. Die Bedeutung der verstorbenen Heiligen und des *khalifa,* der sein Erbe weiterführt, wird an ihren Fähigkeiten gemessen, mit Gottes Hilfe Wunder zu bewirken. Den Trägern der *baraka* wird nachgesagt, dass sie Menschen in Träumen erscheinen oder ihnen ohne Worte zu verstehen geben, wie sie sich gottgerecht zu verhalten haben. Sie können Raum und Zeit überwinden, an zwei

Orten gleichzeitig sein und die Zukunft voraussagen. Das ihnen innewohnende *baraka* ist für die Gläubigen unverzichtbar für physisches und psychisches Wohl und notwendiger Schutz vor allem Übel in der Welt. Viele Menschen glauben, dass ihnen ohne *baraka* nur ein miserables Leben vergönnt ist, und suchen regelmäßig die Heiligenstätten auf, um über bestimmte Rituale an der lebensnotwendigen Segenskraft teilzuhaben. Dem *khalifa* kommen bei diesen Zeremonien Schlüsselfunktionen zu, die ihm bereits zu Lebzeiten Anerkennung und Verehrung gewährleisten. Die Meinungen eines einflussreichen *khalifa* werden zuweilen wie Dogmen betrachtet und haben das Potential, religiöse Massen zu mobilisieren. Nicht selten nutzen solcherart Verehrte ihre Sonderstellung zur Durchsetzung eigener Interessen oder fungieren als Anwälte der Interessen ihrer Anhängerschaft, durchaus auch gegen den Willen des Staates. Die Heiligenzentren in ländlichen Regionen stehen häufig in Opposition zur Dominanz der religiösen Institutionen in den Städten und bilden vielerorts auch das Gegenstück zu einer autoritären, auf Modernisierung ausgerichteten Politik. Besonders unter der sozial schwächer gestellten Bevölkerung konkurrieren einflussreiche Heilige mit der Macht der an den theologischen Hochschulen ausgebildeten Religionsgelehrten, welche die *mulid* als unvereinbar mit den monotheistischen Prinzipien des Islam und der Gleichheit aller Menschen vor Gott ablehnen. Heiligenfeste sind seit Jahrhunderten Gegenstand kontroverser theologischer Debatten.

Die Kritiker der Heiligenverehrung berufen sich auf Überlieferungen, nach welchen der Prophet sich ausdrücklich gegen Besuche auf Friedhöfen und vor allem gegen Festlichkeiten verwehrt hat, die seine Person in den Mittelpunkt stellen. Dennoch hat sich ausgerechnet *mulid an-nabi,* der Todestag des Propheten am Zwölften des Monats Rabi'a al-auwwal, in den meisten islamisch geprägten Ländern als offizieller, von den Religionsgelehrten als positive Neuerung abgesegneter Feiertag etabliert. Vorbereitung und Durchführung der Feierlichkeiten sind meistens dem Verantwortungsbereich der Ministerien für Religiöse Angelegenheiten übertragen, und die Predigten, die immer auch das vorbildliche Verhalten des Propheten zum Thema haben, werden von Ansprachen des Königs oder Präsidenten eröffnet. Dazu gehören Appelle an die Gläubigen, ihren persönlichen Beitrag zu leisten, damit gemeinsam wirtschaftliche oder nationale Probleme überwunden werden können, sowie Aufrufe zum Zusammenhalt der *umma* und zur Solidarität mit sozial schwächer gestellten und unterdrückten Glaubensgenossen in aller Welt.

Volksfestvergnügen ergänzen die offiziellen Zeremonien. Plätze und Hauptstraßen um die Moscheen sind von Kirmesbetreibern und Verkaufsständen in Beschlag genommen, Süßigkeiten und üppige Speisen krönen den Geburtstag des Propheten, an dem auch die Armen durch großzügige Spenden beteiligt werden. Beliebt sind Picknickausflüge ins Grüne, die viele Menschen auch mit einem Besuch der Schreine der Lokalheiligen verbinden. Auf dem Lande drängen sich die Menschen um die Gräber der *auwliya'*, die – stellvertretend für das ferne Grab des Propheten – mit Blumen geschmückt, mit Devotionalien bedacht und mit Küssen bedeckt werden.

Das eigentliche Grab des Propheten in Medina kann anlässlich seines Todestages nicht besucht werden. Auch der Ort an dem Muhammad in Mekka geboren wurde – heute ein modernes Gebäude, das eine Bibliothek beherbergt – ist Pilgern an *mulid an-nabi* nicht zugänglich. Das am puristischen Wahabismus orientierte saudische Königshaus bemüht sich seit seiner Rückeroberung der Arabischen Halbinsel im Jahre 1925, jeglichen Heiligenkult zu unterbinden, hat mehrere Gräber der Frauen und Gefährten des Propheten eingeebnet und *mulid*-Feiern offiziell verboten. Dennoch haben die Restriktionen gegen die Heiligenfeste diese nicht in Vergessenheit geraten lassen. Zwar verschwand der einst auch unter der Bevölkerung Saudi-Arabiens beliebte Heiligenkult ab diesem Zeitpunkt aus der Öffentlichkeit, er wurde aber in privaten Zirkeln weitergeführt. Als in den fünfziger Jahren der Ölboom einsetzte und Hunderttausende von Gastarbeitern aus verschiedenen islamisch geprägten Ländern einwanderten, veränderten sich die Voraussetzungen der wahabitischen Religionspolitik. Die muslimischen Gastarbeiter und Einwanderer wollten oder konnten nicht auf die Heiligenfeste als Ausgleich zur harten Arbeit in der Fremde verzichten, die auch als wirksame Medizin gegen Heimweh genutzt wurden. Während die Feste der Lokalheiligen, die grundsätzlich an ihren Gräbern gefeiert werden, im Exil keinen Raum fanden, entwickelte sich *mulid an-nabi* zum allgemein verbindenden Element der Fremden, das seit den achtziger Jahren allmählich auch wieder in Saudi-Arabien in den Fokus der Öffentlichkeit rückt.

Obwohl der Heiligenkult in vielen Regionen ausschließlich Volksbrauchtum verkörpert, wird Heiligenverehrung vielerorts fälschlich als spezifisch islamisches Element interpretiert. So zum Beispiel die *mulid* in Westafrika und Asien, die von den unterschiedlichsten vor- oder nichtislamischen Elementen geprägt sind und lokalen Heiligenkult mit der Verehrung des Propheten und seiner Familie vermengen oder sich über die Jahre zu nahezu von der Religion abgelösten Festen entwickelt haben. Auch in den ländlichen Regionen Nordafrikas ist der Alltag der Bewohner geprägt von im Volksislam verhafteten Zeremonien und dem Kampf zwischen guten und bösen Geistern. Dort gibt es in manchen Regionen kaum einen Weg, der nicht an den Schreinen der Heiligen vorüberführt. In Asien und Afrika werden Schreine verehrt, die zuweilen auch Gottes Zeichen in Naturphänomenen, wie Quellen oder Bäumen erkennen lassen. Religiöse Reformen des 20. Jahrhunderts, die in vielen Ländern mit dem Erreichen der Unabhängigkeit einhergingen, wünschen, fordern oder erzwingen eine Beschränkung oder Reform der *mulid*. In den meisten Ländern wird eine Perspektive auf *auwliya'* propagiert, die sie als Vorbilder, jedoch nicht in ihrer Funktion als Mittler zwischen Gott und Mensch gelten lassen. In diesem Sinne bemühen sich Reformisten, den Prophetengeburtstag als Gedenktag mit pädagogischem Erbauungsauftrag umzugestalten und das Wirken des konkreten Menschen Muhammads in Abgrenzung zu den ausgeschmückten Beschreibungen seiner Wundertaten in den Vordergrund zu rücken. In Algerien, Pakistan und Indonesien, wo solche Strömungen sich zunehmend durchsetzen, geht dies mit Bestrebungen einher, die *mulid* auch räumlich aus ihrem volkstümlich traditionellen Umfeld zu lösen, um sie in kontrollierbare Räume der vom Staat verwalteten Moscheen, Schulen und Vortragssäle zu transportieren. Auch in anderen Ländern sind über den Gräbern von Heiligen, die großen Zulauf haben, Moscheen erbaut worden, um den *mulid*-Zeremonien einen offiziellen, vom Staat kontrollierbaren Rahmen zu geben. Überall dort, wo die Institutionen der mystischen Strömungen des Islam ausgeprägten Einfluss auf eine große Anhängerschaft haben, stoßen solche Bemühungen an deutliche Grenzen. Es liegt meistens nicht im Interesse von säkularen Regierungen, solche Widerstände zu durchbrechen, weil gefürchtet wird, mit diesen Einschränkungen islamistischen Bewegungen Vorschub zu leisten. Vielmehr wird, meistens über die zuständigen Ministerien, wie dies zum Beispiel in Ägypten oder in Indonesien der Fall ist, eine kooperative Kontrolle über die auf die Massen einflussreichen religiösen Institutionen angestrebt.

*

Am Morgen des Geburtstags des Propheten geht es dem Federvieh in Isak an den Kragen. Die wenigsten Haushalte der in den Höhen des Barisanplateaus gelegenen Dörfer in der Provinz Nord-Sumatras können es sich leisten, ein größeres Opfer als ein Huhn aufzuwenden. Kaum dass das Tier sein Leben gelassen hat, schmort es schon mit Gemüse auf dem Herd und wird später mit Reis und Bananen, hart gekochten Eiern und Maismehlpfannkuchen serviert. Seit Tagen waren die Frauen mit der Herstellung von Süßigkeiten aus Reis und Palmzucker und der Zubereitung der Betelnussmasse beschäftigt. Am Nachmittag stehen für die Männer, die an der offiziellen Feier zu Ehren des Propheten im Hof der Moschee teilnehmen, die Festspeisen auf großen Tabletts in dicken wärmenden Tüchern zum Mitnehmen bereit. In den Bergdörfern ist es Tradi-

tion mulid an-nabi *gemeinschaftlich zu feiern und sich im jährlichen Wechsel gegenseitig einzuladen. Nach der religiösen Zeremonie sind die jeweiligen Gastgeber verpflichtet, das Nachbardorf zu bewirten.* Kenduri *– die für diese und andere Festlichkeiten aus spezifischen Bestandteilen zubereiteten Speisen – haben rituelle Funktionen, die an hinduistisch-javanische Traditionen anknüpfen, nach welchen über die Speisen Bindungen zu verstorbenen Verwandten aufrechterhalten, segensreiche Wesen angelockt und schlechte Kräfte abgewehrt werden. Die meisten der in den Städten ausgebildeten islamischen Religionsgelehrten, die von den offiziellen überregionalen religiösen Institutionen beauftragt sind, die Zeremonien in den Dörfern zu leiten, lehnen* kenduri *als Bestandteil oder Ergänzung des islamischen Ritus grundsätzlich ab oder sind dort, wo der Widerstand der Bevölkerung unüberwindbar scheint, darum bemüht,* kenduri *auf den Aspekt gemeinschaftlich zum Ausdruck gebrachter Gottesverehrung zu reduzieren. Seit den schweren Erdbeben, welche die Region erschütterten, sind die gemeinschaftlichen Feiern seltener geworden, und die* mulid *entwickeln sich allmählich von öffentlichen zu privaten Zeremonien. Immer weniger Menschen haben genug Geld, um aufwändige Speisen für die Gäste auf die Tabletts zu türmen. Die meisten Bewohner der Bergdörfer ziehen es stattdessen vor,* mulid *im bescheideneren Umfang zu Hause zu feiern, als mit leeren Händen zum Geburtstagsfest zu erscheinen.*

In den Städten Indonesiens dagegen zählt mulid an-nabi *zu den öffentlich am aufwändigst zelebrierten Staatsfeiertagen. Zum Fest werden die großen Moscheen illuminiert und ihre Innenräume mit kunstvollen Blumenarrangements geschmückt. Den Angestellten des Religionsministeriums bereitet das Fest die meiste Arbeit. Unermüdlich touren sie von Schule zu Schule, von den Universitäten zu sämtlichen Krankenhäusern und Ausbildungsbetrieben des Landes, wo sie beauftragt sind, Vorträge zu halten, die religiöse Antworten auf staatspolitische Fragen geben. Auch die Predigten in den Moscheen und die Ansprache des Präsidenten Megavati am eigentlichen Festtag sind vorrangig pädagogisch konzipiert und heben die tragende Rolle der an den Hochschulen ausgebildeten Theologen für die Entwicklung der Gesellschaft hervor.*

Zuweilen wird das polemisch vorgetragene Beispiel des Propheten von krachenden und pfeifenden Knallfröschen unterbrochen, die signalisieren, dass die Massen in und um die Moschee den Beginn des kulturellen Rahmenprogramms mit Spannung erwarten. Von den religiösen Institutionen organisiert, werden Koranrezitationen im arabischen Original oder Lesungen literarischer Werke geboten, die die Lebensgeschichte Muhammads zum Thema haben. Für diesen Anlass werden häufig die Preisträger nationaler und internationaler Koranrezitationswettbewerbe eingeladen, die vom Publikum besonders viel Zuspruch erhalten, wenn sie dem Land oder der eigenen Stadt Ehre und Preise eingebracht haben. In Kulturzentren, Theatern und den großen Plätzen der Städte werden die bedeutsamsten Stationen aus Muhammads Leben auch in Form von Schattentheater, Darstellung mit Holzpuppen oder als Musical präsentiert, wobei jedoch aus Respekt vor der Hauptperson Muhammad niemals Gestalt annimmt. Wenn die Aufführung den Moment der Geburt des Propheten erreicht, erheben sich Schausteller und das Publikum und verharren für einen Moment laut- und bewegungslos, bis das lärmende, lebensfrohe Fest noch über viele Stunden bis in die frühen Morgenstunden fortgesetzt wird.

*

Bis zum 12. Jahrhundert wurde der Geburts- und Sterbetag des Propheten offiziell nicht gefeiert, doch soll in Mekka und Medina der Andrang zu den Gräbern des Propheten und seiner Gefährten so groß gewesen sein, dass die Friedhöfe und heiligen Stätten nicht nur am eigentlichen Prophetengeburtstag, der sich an einem Montag ereignet haben soll, sondern an allen Montagen und Freitagen des Monats Rabi'a al-auwwal geöffnet hatten. Die erste offizielle Festzeremonie ist aus dem Jahr 1122 im fatimidischen Kairo überliefert. Wenig später wurde das Fest auch in Damaskus, Mossul und Mekka übernommen. *Mulid an-nabi* wurde von den Herrscherhäusern organisiert, die zu prunkvollen Feierlichkeiten die religiöse und politische Elite des Landes und auswärtige Gäste um sich versammelten. Im Mittelpunkt der Zeremonien standen Koranrezitationen und poetische Vorträge über das Leben Muhammads. Das Volk hatte zu diesen elitären Veranstaltungen keinen Zugang, einzig die Armen, die Moscheewärter und Verwalter der Heiligtümer wurden mit Almosen und Süßigkeiten am Festgeschehen beteiligt.

Erst zu Beginn des 13. Jahrhunderts wurde erstmals in Arbil im Norden Iraks der Geburtstag des Propheten als Fest gefeiert, zu dem auch das Volk geladen war. Der Gouverneur der Region Muzaffar ad-Din Kökburi, ein Schwager Saladins, hatte die Festgestaltung führenden Persönlichkeiten einflussreicher Sufiorden übertragen, die der Bevölkerung sehr verbunden waren. Die Feierlichkeiten, die sich über einen gesamten Monat erstreckten, zogen Massen von Menschen aus dem In- und Ausland an, die in provisorischen Holzbauten und Zeltlagern untergebracht wurden und für deren spirituelle und irdische Unterhaltung große Aufwendungen unternommen wurden. Eingeladen waren berühmte Rezitatoren, Dichter und Sänger, die sich auf künstlerische Darstellungen des Lebens des Propheten spezialisierten. Das Kontrastprogramm wurde von Geschichtenerzählern, Volksmusik und -tanz und die Kunststücke von Schattenspielern, Zauberern, Fakiren und dressierten Tieren bestritten. Auch für die Armen und Bedürftigen war mit kostenloser Bewirtung gesorgt. Höhepunkt der kulinarischen Freuden war ein Massengrillfest in der Nacht vor dem Geburtstag des Propheten. Kerzenprozessionen und ein Konzert der Sufis zu Ehren des Propheten, an der auch der Fürst und hochrangige religiöse und politische Persönlichkeiten teilnahmen, krönten die Festlichkeiten. Den Abschluss bildeten eine aufwändige Militärparade und die Verteilung von Entschädigungsgeldern, welche die Regierung den Sufiorden zur Unterstützung der Bedürftigen zukommen ließ. Die Gäste, die für die Festlichkeiten weite und teure Reisewege auf sich genommen hatten, konnten ebenfalls mit Unterstützungen für ihre Aufwendungen rechnen. Solcherart großzügige Festlichkeit sprach sich herum, so dass Arbil von Jahr zu Jahr mehr Menschen anzog und zum Vorbild für *mulid*-Feiern im gesamte Osmanischen Reich, in Marokko und Saudi-Arabien wurde.

Die Kritik am *mulid* ist so alt wie seine Entstehungsgeschichte. Bereits in Arbil warfen religiöse Fundamentalisten den Organisatoren vor, den Todestag des Propheten als Freudenfest zu zelebrieren. Dennoch konnten sich die Feierlichkeiten zum Vorbild der *mulid an-nabi* durchsetzen, wie sie bis heute in der gesamten islamischen Welt gefeiert werden.

*

Die Verehrung der Verwandten Muhammads an ihren Gräbern wurde bereits zu Lebzeiten der Imame praktiziert und den schi'itischen Gläubigen auf der ganzen Welt als fromme und segensreiche Handlung zur Nachahmung empfohlen. Zain al-'Abidin, der Sohn Hussains, bezeichnete das Grab seines Vaters in Kerbala als ein von Gott geschaffenes Heiligtum, dessen Wertigkeit noch über der *ka'ba* in Mekka stehe. 'Ali Reza, der achte Imam, versprach allen, die das Grab seiner Schwester Fatima Ma'suma besuchten, den Eintritt ins Paradies. In dieser Tradition wurden *mulid* besonders gerne von schi'itischen Herrscherdynastien übernommen, die ihren Machtanspruch auf die Abstammung zur Prophetenfamilie gründeten und mit aus dem Staatshaushalt gesponserten prunkvollen Festlichkeiten den Urahn Muhammad, seine Kinder, Kindeskinder und nicht zuletzt sich selber feiern ließen. Die Gedenkfeiern fanden an den Gräbern der Imame statt, welche zu prunkvollen Mausoleen ausgebaut wurden. Im Iran ließen die Safawiden, die bei ihrer Machtübernahme im Jahre 1501 die Schi'a als Staatsreligion eingeführt hatten, nicht nur das Grab des achten Imam 'Ali Reza in Maschhad, sondern zahlreiche *imamzadaha,* Gräber der Verwandten der Imame, zu kunstvollen Sakralbauten gestalten. Die aufwändigen Investitionen der Safawiden waren zum einen darauf ausgerichtet, die heimischen Heiligtümer in der religiösen Hierarchie aufzuwerten, um sie den spirituell, politisch und wirtschaftlich weit einflussreicheren Pilgerzentren im Irak anzugleichen. Die eindrucksvollen Prachtbauten dienten aber auch zur religiösen Legitimierung der Herrschaftsansprüche der Safawiden, die sich darauf stützten, Abkömmlinge des siebten Imams zu sein. Zur Demonstration dieser Genealogie, die sie zur weltlichen und geistlichen Leitung der Gemeinschaft der Gläubigen bestimmte, widmeten sie dem Ausbau der Mausoleen von Fatima Ma'suma und 'Ali Reza, den Kindern des siebten Imams, ganz besondere Aufmerksamkeit und verfügten, nach ihrem Tod in unmittelbarer Nähe ihrer Verwandten beerdigt zu werden.

Die von den Safawiden begründete Tradition der Gräberkultur wurde im 18. und 19. Jahrhundert von den Qadjaren weitergeführt, die auch die Gräber im sunnitisch regierten Irak unter ihre Obhut nahmen. Der Besuch der irakischen Heiligtümer anlässlich der Festtage gehörte zum regelmäßig praktizierten Hofzeremoniell, war allerdings auch nur den Herrschern und wenigen vom Hof Begünstigten vorbehalten. Die persischen Könige bemühten sich, die eigene Bevölkerung von Reisen ins Ausland abzuhalten, um sie aus dem Einflussbereich der sunnitischen Osmanen fernzuhalten und die Aufwendungen für Wallfahrten dem eigenen Land zugute kommen zu lassen. In diesem Anliegen wurden sie von den schi'itischen Religionsgelehrten unterstützt, die – ursprünglich von den Safawiden angeworben – eigentlich aus dem Irak und Libanon kamen und zur Festigung ihrer Macht im Iran Interesse an der Zusammenarbeit mit der Regierung hatten. Zu den schi'itischen Festtagen wurden an den Schreinen prunkvolle Feierlichkeiten abgehalten. Die Religionsgelehrten führten neue Zeremonien ein und trugen viel dazu bei, dass diesen Orten wundersame, heilbringende Ausstrahlung zugeschrieben wurde. Das einst einander ergänzende Verhältnis zwischen den sich religiös legitimierenden Herrschern und den mit zahlreichen Privilegien ausgestatteten Religionsgelehrten kehrte sich jedoch allmählich unter den Qadjaren, die sich nicht mehr auf eine Abstammung von der Prophetenfamilie berufen konnten, in ein Konkurrenzverhältnis um. Der durch Gott bestimmte Auftrag zur Leitung der Gläubigen ging nun als eine Art kollektive Stellvertreterschaft auf die Religionsgelehrten über, die sich am Ende des 19. Jahrhunderts zu einer autonomen, von breiten Kreisen einer unzufriedenen Bevölkerung gestützten Kraft entwickelt hatten. Insbesondere unter der langen Regierungszeit von Nasser ad-Din Schah, der als tyrannischer Diktator auftrat und der in Kooperation mit ausländischen Investoren ausschließlich sich und eine schmale Elite förderte, wurden die persischen Religionsgelehrten als Verkörperung einer sich religiös legitimierenden und sozial interpretierten Gerechtigkeit betrachtet. Ihnen kam die Rolle der Vertreter des Volkes zu. Die unantastbaren Heiligtümer wurden zu Zufluchtsstätten der Opposition und Organisationszentralen der Verfassungsbewegung von 1908.

Die Religionsgelehrten konnten das Vertrauen, das ihnen für ihr Engagement während der Konstitutionellen Revolution von Seiten der Bevölkerung entgegengebracht wurde, auch unter der Modernisierungspolitik während der Pahlavi-Dynastie aufrechterhalten und waren schließlich eine der maßgebenden Kräfte, die zur Islamischen Revolution führten, welche Khomaini an die Macht brachte. Grundlage der neuen Verfassung ist das Prinzip der *wilaiyat-i faqih*, das die Religionsgelehrten als Verwalter der Erbschaft des Propheten über die Macht der gewählten Vertreter des Volkes erhob. Die Verfassung regelt auch, dass die Heiligtümer dem Ministerium für religiöse Stiftungen unterstellt wurden, welches heute auch für die Ausrichtung der traditionellen Heiligenfeste verantwortlich ist. Ähnlich wie zu Zeiten ihres Ursprungs scheinen die Feste heute nicht mehr ausschließlich darauf ausgerichtet zu sein, den Propheten und seine Familie zu ehren. Sie dienen auch und vor allem zur Inszenierung der Herrscher, die sich in ihre Tradition stellen. Allerdings gibt es auch im schi'itischen Kontext eine von Khomaini wiederbelebte Kontroverse, die sich um die religiöse Rechtfertigung der Heiligenverehrung dreht. Khomaini, dessen eigener Stammbaum auf eine Abstimmung von der Prophetenfamilie verweist, hatte stets die Funktion Heiliger als Mediatoren kritisiert. Die Verehrung der Imame sei, laut Khomaini, nur dann zu befürworten, wenn sie das Andenken der Imame in ihrer gesellschaftlichen Vorbildfunktion fördere. Der Religionsgelehrte verurteilte vor allem die physischen Ausdrucksformen der Verehrung der Verwandten Muhammads. So zum Beispiel das Umkreisen der Heiligtümer, das Küssen des Sarkophags, die Befestigung von Schlössern und das direkte Anbinden von kleinen Kindern an die Schreine, eine Praxis, die vor allem in ländlichen Gebieten als eine Art religiöse Sozialisation praktiziert wird. Doch selbst als Oberhaupt der Islamischen Republik ist es Khomaini nicht gelungen, Einfluss auf diese im Volksglauben verwurzelten Zeremonien zu nehmen, an denen viele Gläubige als unverzichtbaren Bestandteil emotionaler Glaubenserfahrung festhalten.

Seit 1989 hat Iran ein neues, an Größe alle bislang im Iran erbauten Sakralbauten in den Schatten stellendes Heiligtum. Das Grab Khomainis krönt, wie ansonsten nur die Schreine der Imame, eine vergoldete Kuppel und vier Minarette. Der Todestag des Begründers der Islamischen Republik ist jedes Jahr Anlass zu einer aufwändigen vom Staat organisierten Zeremonie, zu der sämtliche Soldaten, Schulkinder und Beamte des Landes zur Teilnahme verpflichtet sind. Weitere Scharen von Menschen werden von einem kostenlosen Transportservice und einem beeindruckenden religiösen Unterhaltungsprogramm angelockt. Viele Gläubige besuchen aber auch außerhalb des Todestages den Schrein Khomainis, um dort um seine Fürsprache vor Gott zu bitten. Böse Zungen erinnern im Kontext einer wachsenden, allmählich mutiger werdenden Opposition an seinen Widerwillen gegen Heiligenverehrung und behaupten, dass die ersten Schlösser, die an seiner Grabstelle angebracht wurden, allesamt an ein und demselben Herzenswunsch befestigt sind: dem Sturz der von einem Großteil der Bevölkerung als unerträglich autoritär empfundenen *wilaiyat-i faqih*.

*

Männer verweisen gerne auf die Vorbildfunktion der einst ihrem Vater und Bruder treu ergebenen, tugendhaften und leidensbereiten Fatima al-Ma'suma, die im 8. Jahrhundert in Ghom ihre letzte Ruhestätte gefunden hat. Heute ist das Grab der Tochter des siebten Imam und Schwester des achten Imam das zweitgrößte Heiligtum des Landes, zu dem jährlich Hunderttausende von Gläubigen, vor allem Frauen, aus dem ganzen Lande pilgern. In der Islamischen Republik boomt ein neuer Tourismuszweig, der auf Pilgerreisen für Frauen spezialisiert ist und alle gesetzlichen Hürden überwindet, die ansonsten eigenständigen Reisen von Frauen im Iran im Wege stehen. Die subventionierten Reisen haben die Gräber der Imame und ihrer Angehörigen in Ghom und Maschhad und außerhalb Irans in Damaskus und in friedlichen Zeiten sogar in Kerbala, Nadjaf und Kazimain im Irak zum Ziel. Viele nutzen diese Gelegenheit, um Verwandte im Irak zu besuchen, was seit dem Ersten Golfkrieg sehr schwierig geworden ist. Die Besuche der heiligen Schreine sind gerade für Frauen aus ländlichen Gebieten die einzige Möglichkeit für eigenständige Unternehmungen und gemeinschaftliche Gottesdienste. Frauen besuchen bevorzugt die Gräber der weiblichen Verwandten der Imame, um Abstand zum Alltag zu gewinnen und um in der Gemeinschaft Gleichgesinnter neue Kontakte zu schließen, aber auch zur spirituellen Erbauung und um ihnen Anliegen anzutragen, die sie als zu persönlich empfinden, um sie einem Imam oder sogar Gott anzuvertrauen. So sind an den Besuch der Fatima Ma'suma oftmals große Erwartungen geknüpft: Heilung von Unfruchtbarkeit, Befreiung von Depression oder die Rückkehr einer verlorenen Liebe. Viel wichtiger aber als die Wünsche für das Wohlergehen im irdischen Leben ist die Bitte um ihre Fürsprache am Tag des Jüngsten Gerichtes.

Astana-i hazarat-i Fatima, der Schrein der Fatima Ma'suma, hat das ganze Jahr über seine hohen Tore geöffnet. Die Verwaltung des Heiligtums bemüht sich seit Jahren darum, den Ansturm der Pilger zu den Festtagen auf ruhigere Zeiten umzuleiten, um die rund 85 000 Einwohner zählende Stadt Ghom zu entlasten. *'id al-fitr* und das Opferfest, die Nacht der Offenbarung des Koran und Muhammads Himmelfahrt und vor allem die Geburts- und Todestage der Imame werden von den Gläubigen als besonders günstige Gelegenheiten betrachtet, um Beistand der schi'itischen Heiligen zu erbitten. Auch *nauwruz*, das altpersische Neujahrsfest, das am einundzwanzigsten März den Beginn des Jahres nach einer vorislamischen Zeitrechnung markiert, gehört zu den bevorzugten Besuchszeiten der Heiligtümer im Iran. Unter Khomaini war das Feiern dieser im Zoroastrismus verankerten Zeremonien untersagt, obwohl die Eingliederung von *nauwruz* in den islamischen Festkalender vom Propheten persönlich abgesegnet und bereits vom sechsten Imam gefeiert worden sein soll. Die meisten Iraner haben deswegen an *nauwruz* als wesentlichem Bestandteil der persischen Kultur festgehalten. Nach dem Tode Khomainis rückten die *nauwruz*-Feiern bald wieder in die Öffentlichkeit und werden inzwischen sogar schon in Ghom, dem religiösen Zentrum des Landes, zelebriert.

*

Wenn nauwruz *naht, haben die Friseure alle Hände voll zu tun. Um dem Andrang vor dem Fest gerecht zu werden, wird allen Mädchen und Jungen unter sechs Jahren, die mit ihren Eltern nach Ghom pilgern, die gleiche, sehr kurz geschnittene Frisur verpasst. Viele Berufsstände profitieren davon, dass Pilger, die sich auf den Besuch eines Heiligengrabes vorbereiten, bestimmte Riten vollziehen. Dazu gehören neben den Friseuren auch die Barbiere, außerdem Drucker und Kopieranstalten und vor allem die Buchhändler für religiöse Literatur. Reißenden Absatz finden vor den Festtagen die* ziyarat, *meist schmalgebundene Bände mit Gebeten, die den einzelnen Heiligen gewidmet sind und die die Bereitschaft der Pilger formulieren, ihr Geschick voll und ganz der Prophetenfamilie anzuvertrauen, all ihre erlittenen Leiden nachzuvollziehen und mitzutragen. Wer die Reise nach Ghom schon mehr als einmal unternommen hat, kennt die* ziyarat *der Fatima auswendig. „Friede sei mit dir, oh Fatima, der Herrin aller Frauen der Welt …“* hört man die Menschen *murmeln, die sich darauf vorbereiten, im Zustand physischer und psychischer Reinheit in Ghom einzutreffen. Frisch gewaschene und idealerweise neu erworbene Kleidung, ein Bad und Parfüm gehören dazu. Kinder sollen das Haar kurz tragen, damit sie kein Ungeziefer einschleppen und den kleinen Mädchen nichts Weibliches anzusehen ist.*

Für Ma'suma soll es nun wirklich das allerletzte Mal sein, dass sie sich gezwungen sieht, diesen raspelkurzen Bubikopf zu akzeptieren. Nächstes Jahr wird sie eingeschult und muss dann, wie ihre älteren Schwestern, den Schrein mit einem Kopftuch betreten. Sie wünscht sich das seit langem und versteht nicht, warum die verehrte Fatima ihr diesen Herzenswunsch auch dieses Jahr nicht erfüllen konnte: „Friede sei mit dir, oh meine Dame, meine Schutzherrin", flüstert Ma'suma mit Tränen in den Augen, als sie im Spiegel den Friseur beobachtet, der mit ihrem Haar beschäftigt ist. Für den fünfjährigen 'Ali Reza ist es dagegen sein erster Friseurbesuch, nach dem er sich seit Jahren gesehnt hat, um endlich nicht mehr im Mittelpunkt des Spotts der Nachbarskinder zu stehen. Seine seidige Haarpracht ist an ein Gelübde gebunden, das seine Mutter, als sie mit ihm schwanger war, in Ghom abgelegt hat. Für die Erfüllung ihrer Sehnsucht nach einem männlichen Nachkommen hatte sie geschworen, 'Ali Reza fünf Jahre lang nicht die Haare zu schneiden und als Bekräftigung ihres Versprechens ein Schloss an das silberne Gitter des Fatima-Schreins befestigt. Heute fallen die Locken und das Schloss kann gelöst werden, wenn es seiner Mutter gelingt, dieses unter den vielen anderen am silbernen Gitter des Sarkophags der Fatima befestigten, symbolisierten Versprechen wiederzufinden.

Zum Festtag ist das Heiligtum mit vierhundertvierundvierzig Lüstern den ganzen Tag und die Nacht über ausgeleuchtet. Auch die Höfe und Durchgangshallen sind strahlend erhellt, die schlanken, hohen Minarette von Lichterketten umschlungen. Das Licht der späten Morgensonne fällt gleißend auf die vergoldete Kuppel. Bevor das neue Jahr beginnt, wurden die sakralen Räumlichkeiten einer Generalreinigung unterzogen, so dass sich die Besucher am heutigen Festtag an den vielfältigen Farbnuancen der arabeskenverzierten Wandfliesen und den kunstvollen Teppichen auf den Marmorböden erfreuen können. Duft von Weihrauch und Rosenwasser haftet noch in den gereinigten Hallen. Damit er nicht schon bald von den Ausdünstungen der in der großen Mittagshitze dicht gedrängten Menschenmassen überdeckt wird, werden alle, die eintreten, mit wohlriechenden Essenzen besprüht. In der Tradition, nauwruz *mit neuen Kleidern zu feiern, tragen die Geistlichen und die meisten Angestellten der Moschee an diesem Tag nicht ihre religiöse Berufskleidung, sondern Anzüge. Auch die Pilger haben Festkleidung angelegt, die Frauen werden jedoch angehalten, vor Betreten des Heiligtums einen Mantel aus dunklem Stoff, der bis auf das Gesicht den gesamten Körper verhüllt, darüber zu tragen. Wer das vorgeschriebene Kleidungsstück nicht mitgebracht hat, bekommt eines am Eingang des Heiligtums ausgehändigt. Wer zeigen will, das er es sich leisten kann, kommt zu* nauwruz *mit neuen Schuhen nach Ghom, muss dann aber den* kafschaban, *den Schuhwärtern an der Schwelle des Heiligtums, ein zusätzliches Trinkgeld spendieren, um zu gewährleisten, dass sie nicht „versehentlich" mit einem abgetragenen Paar vertauscht werden.*

Im Laufe des Vormittags treffen immer mehr Besucher ein, die Säulenhalle ist überfüllt; viele verlassen schon bald das Gedränge und bewegen sich auf dem weitläufigen Gelände, wo neben Ruheräumen und speziellen Aufenthaltsräumen für Frauen auch Kinderbetreuungsstätten, Restaurants und Armenküchen eingerichtet sind. Auch die Speisenausgabe ist völlig überlaufen. Einige Frauen kämpfen darum, eine Extraportion der psychisches und physisches Wohlsein verheißenden Speise zu erhalten, um sie bei ihrer Rückkehr an zu Hause gebliebene Verwandte, Nachbarn oder Freunde weiterzugeben. Außerhalb der Festzeiten lässt die Verwaltung Datteln und Brot verteilen, zu nauwruz *sind es Süßigkeiten und* scharbat, *ein sirupartiges, eisgekühltes Getränk, dem Rosenwasser und Kräuter zugesetzt sind.*

Vor Anbruch des neuen Jahres – ein von den meteorologischen Instituten bis auf die Sekunde genau definierter Moment, der sich im Gegensatz zum am Mondverlauf ausgerichteten islamischen Kalender am Sonnenverlauf orientiert – finden Ansprachen der Religionsgelehrten und gemeinsame Koranrezitationen statt, die den Gläubigen vorgesprochen und von diesen so viele Male, wie ein Jahr Tage hat, nachgesprochen werden sollen. Doch in der Spannung des sich neigenden Jahres sind die meisten Menschen vorrangig damit beschäftigt, sich so nahe wie möglich an das silberne Gitter, das den Fatima-Schrein umgibt, zu schieben. Der Traum aller Gläubigen ist, bei Anbruch des neuen Jahres nach dem mit grünem Brokat bedeckten Sarkophag zu greifen, weil von der Berührung des Sakralen Segenskraft für das neue Jahr erhofft wird. Nicht allen ist es vergönnt, diese intensive physische Erfahrung von Spiritualität im Augenblick des Jahreswechsels zu machen. Die meisten müssen noch lange auf einen ruhigeren Moment im bereits um Stunden fortgeschrittenen Jahr warten. Doch niemand geht nach Hause, der Fatima Ma'suma an diesem Tage nicht nahe gekommen ist.

⋆

Auch die mystischen Strömungen des Islam werden von der Vorstellung der Vorrangstellung charismatischer Vorbilder getragen, deren Nähe zu Gott und die damit verbundene Fähigkeit, *baraka* auszustrahlen, weitervererbt wird. Auf diesem Privileg basiert ihr Wissen über das ideale gottgerechte Verhalten, das sie zur Leitung der Gläubigen prädestiniert. Zwar sind die besonderen Fähigkeiten dem einzelnen Heiligen durch göttliche Verfügung vorbestimmt, diese sind jedoch im Gegensatz zur *Schi'a* nicht an die Blutsverwandtschaft zum Propheten gebunden, sondern werden durch außerordentliche Bestrebungen des Ausgewählten entfaltet. Auf dem mühsamen Pfad zur Erleuchtung, auf dem sich ein Gottsuchender einem erfahreneren Meister anvertraut, hat er verschiedene Stadien der Erkenntnis zu durchlaufen, die von der Umsetzung eines hohen moralischen Anspruchs, der Entsagung irdischer Genüsse bis hin zur völligen Selbstaufgabe geprägt sind und schließlich auf die höchste Stufe menschlicher Erkenntnis – in seelischer Vereinigung mit Gott – münden. Nicht vielen Menschen ist es vergönnt, solch spirituelle Höhen zu erklimmen, da nach den Vorstellungen der Mystiker der Allmächtige nur einer limitierten Anzahl von Menschen zugesteht, ihm so nahe zu rücken. Die Gründer der großen Sufiorden und besonders engagierte Mitglieder gelten auch nach ihrem Tod als Vorbild und Leitfigur und Bestätigung für Gottes Wirken in der Welt. Das Grab eines solchermaßen Verehrten gilt als Ort, der sich weder im Diesseits noch im Jenseits befindet, ein Zwischenraum, der den transitorischen Aspekt des Lebens verkörpert, aber auch von der *baraka* des Heiligen durchdrungen ist und den Menschen im Diesseits Gelegenheit gibt, um Fürsprache des Heiligen für das Jenseits zu bitten.

W-l-i, die arabische Wurzel, die in ihren Ableitungen Begriffe wie Nähe, Freundschaft, Unterstützung, Autorität bezeichnet, kommt im Koran mehr als zweihundert Mal vor und beschreibt meistens die Zuwendung eines Menschen zu einem anderen, an den er durch Verwandtschaft oder ein anderes soziales Bündnis gebunden ist. *Wilaiya* beschreibt das Verhältnis zwischen Gott und den Menschen, *wali* ist einer der neunundneunzig Namen Gottes. Der *wali* als Leitfigur der Menschen kann entweder Gott sein, der diese aus der Dunkelheit ins Licht leitet, oder der Teufel, der die verlorenen Seelen vom Licht in die Dunkelheit verleitet. Die Propheten, die Gott näher stehen als gewöhnliche Menschen, sind beauftragt, die Gläubigen darin zu unterstützen, sich für den rechten *wali* für ihr Seelenheil zu entscheiden. Mystische Ausrichtungen des Islam gründen auf der Vorstellung, dass diese Unterstützung nicht mit dem Tod Muhammads als Siegel der Propheten endet, sondern durch von Gott bestimmte ausgewählte Menschen weitergeführt wird, und stützen ihr Konzept auf eine Sure, in der Gott den *auwliya' Alla,* den Freunden Gottes, die Vorteile des rechten Weges beschreibt: „Die

Freunde Gottes müssen sich weder in diesem noch im jenseitigen Leben fürchten."

Der zweiundsechzigste Vers der zehnten Sure ist zum Leitsatz der Mystiker geworden, der den distinguierten Status der *auwliya'*, um die sich seit dem 8. Jahrhundert die ersten Sufiorden gebildet haben, als von Gott gegeben legitimiert. Die vier klassischen Schulen des Sufismus unterscheiden sich unter anderen Aspekten auch in der Anzahl der *auwliya'*, die den Menschen als Leitbild und Führung auf dem Weg zu Gott dienen. Laut eines auf den Propheten zurückgeführten *hadith* soll Gott insgesamt hundertvierundzwanzigtausend Menschen den Freundschaftsstatus zugestehen. Stirbt einer der Freunde Gottes, wird er sofort von einem Nachfolger vertreten. Eine der frühesten Quellen mystischer Literatur nennt für die Anzahl der ständig unter den Menschen lebenden *auwliya'* dreihundertfünfundfünfzig. Andere Interpretationen ordnen die Freunde Gottes in ein hierarchisches System, das für die wahren Heiligen nur wenige Plätze reserviert. Allerdings gibt es kein System, das die Existenz von so vielen *auwliya'* legitimiert, wie sie wohl zusammengerechnet in der gesamten sufistisch geprägten Welt zusammenkommen. Im Westen Marokkos verteilt sich die Vielzahl von Heiligenstätten auf einen Schrein pro sechs Quadratkilometer und 150 Bewohner. Die meist mit weißen Kuppeln überdachten Schreine dienen der geographischen Markierung, selbst wenn Straßennamen vorhanden sind. Die Menschen sind stolz auf die Heiligen in der Nachbarschaft und besuchen die Schreine regelmäßig, um günstige Voraussetzungen für den Einfluss der *baraka* auf Haus und Hof, Kind und Kegel zu gewährleisten. Einige Heilige haben mehrere Gräber, ohne dass man weiß, wo sich ihre sterblichen Überreste tatsächlich befinden. Der Verstorbene gibt sich nach dem Tod als Heiliger zu erkennen, indem er den Menschen im Traum erscheint und ihnen den gewünschten Ort seiner Verehrung mitteilt, was zuweilen heftige Fehden zwischen Dorfgemeinschaften auslöst, die den Betreffenden jeweils unter Hinweis auf einschlägige Träume als „ihren" Lokalheiligen beanspruchen und sich in der Ausstattung des Ortes seiner Verehrung zu übertrumpfen suchen.

*

Mulid als staatlich verwaltete und kontrollierte Institution hat es im Ägypten des 19. bis Mitte des 20. Jahrhunderts nicht mehr gegeben. Unter König Faruq und Präsident Abdul Nasser, die Säkularisierung und Modernisierung propagierten, galten die Feste als überkommene Folklore und waren wegen der politischen Sprengkraft von Menschenansammlungen auch durch Notstandsgesetze untersagt. Trotz Versammlungsverbot und zahlreicher Restriktionen haben die Heiligenfeste das *mulid*-feindliche Klima verschiedener Herrschergenerationen überlebt. Erst unter Anwar Sadat, der selbst in einem Dorf im Nildelta, einer Region, die stark vom Heiligenkult geprägt ist, zur Welt kam, erlebten die einst unter den Fatimiden so prächtig zelebrierten *mulid* eine Renaissance. Sadats diplomatischer Umgang mit den *auwliya'* sicherte ihm die Loyalität der Bewohner des Nildeltas über seine Ermordung im Jahre 1981 hinaus. Noch heute findet sich in der Hauptstadt des Nildelta-Verwaltungsbezirks in fast jedem Geschäft ein Foto des ehemaligen Präsidenten in ehrfurchtsvoller Haltung vor den Schreinen der Lokalheiligen.

Auf eine ähnliche Taktik setzt auch sein Nachfolger Mubarak, der den Einfluss der Sufis in ländlichen Regionen als Gegengewicht zu islamistischen Strömungen betrachtet. Auf diesem Hintergrund werden den unter der Bevölkerung sehr beliebten *mulid* offiziell kaum Beschränkungen auferlegt, was immer wieder heftige Kritik von Seiten einiger orthodoxer Religionsgelehrter der Azhar Universität auslöst, welche die volksfestartigen Feiern als unter religiösem Deckmantel verborgene Formen der Ausschweifung und Zügellosigkeit attackieren. Das Ministerium für Islamische Angelegenheiten ist beauftragt, in dieser Kontroverse zu vermitteln, indem es das für mystische und orthodoxe Positionen gleichermaßen akzeptable Bild von Heiligen als fromme Vorbilder hervorhebt und von der Vorstellung wunderwirksamer Patrone ablenkt.

Als Organisatoren nutzt die Regierung jedoch die Heiligenfest auch für pädagogische und politische Botschaften, die vorrangig über Kultur und Informationsveranstaltungen transportiert werden.

*

Trotz inständiger Bemühungen des Ministeriums für Information und Pressewesen können es die Medien nicht lassen, sensationsheischend über den Beginn der Festsaison zu spekulieren. Nach Meldung einer oberägyptischen Lokalzeitung, die sich auf gut informierte Sufikreise beruft, soll das große Fest des Ahmad al-Badawi unmittelbar bevorstehen. Die Nildelta-Bauern, die dieses Jahr erst Mitte Oktober mit der Ernte beginnen konnten, hoffen inständig, dass nicht noch mehr Zeitungen und womöglich auch noch das Fernsehen und Radio die Nachricht weiterverbreiten, so dass ihnen noch ausreichend Zeit bleibt, Reis und Getreide zu ernten, die gepflückte Baumwolle zur Verarbeitung in die Stadt zu liefern und die abgeernteten Felder zu versorgen. Wenn die Mutmaßungen über den Beginn der Festsaison sich erst einmal herumsprechen, werden die schon seit Tagen auf gepackten Koffern sitzenden Pilger nicht mehr zu halten sein, um rechtzeitig zum großen Fest einzutreffen. Und wenn die ersten Besucherströme eintreffen, haben die Vorbereitungen zum Fest des Jahres begonnen, unabhängig davon, ob die Erntezeit abgeschlossen ist oder die Stadtverwaltung sich zu diesem Zeitpunkt darauf eingestellt hat. Zum wundersamen Wesen der Heiligenfeste gehört, dass sie beginnen, wann es Gott gefällt, und von Menschen nur bedingt beeinflussbar sind. Dennoch sieht sich das mit dem Ministerium für Religiöse Angelegenheit zusammenarbeitende High Council des Ahmad-Badawi-Festes gezwungen, sich jedes Jahr erneut dieser allmächtigen Herausforderung zu stellen und zumindest einen groben Zeitplan für die Festsaison zu entwerfen, um die 380 000 Einwohner zählende Stadt so gut es geht auf den Ansturm von Hunderttausenden von Menschen vorzubereiten, die jedes Jahr von nah und fern zusammenkommen, um über eine Woche lang ein rauschendes Fest zu feiern. Das mulid zu Ehren des im 13. Jahrhundert wirkenden Begründer der mystischen Ahmadiya ist die Auftaktveranstaltung einer Reihe von Festen zu Ehren zahlreicher Regionalheiliger, die bis zum Fastenmonat die gesamte Region in einen Festtaumel zieht. Wer von außerhalb nach Ttanta kommt, besucht mindestens noch ein oder zwei weitere mulid, damit sich die Reise auch gelohnt hat. Jedes Fest hat spezifische Eigenheiten, die an die Charakteristika der Heiligen gebunden und doch alle von der gleichen euphorischen Stimmung geprägt sind, welche von Soziologen schon als „ansteckende Erkrankung mit suchtartigen Symptomen" bezeichnet wurde. Manch ein Tourist hat zum ersten Mal an einem mulid aus Neugier teilgenommen, und verbringt dann, vom „mulid-Virus" infiziert, Jahresurlaube im Festgeschehen. Auch für die ländliche Bevölkerung in Ägypten ist es nicht ungewöhnlich zum Ende der Erntesaison, den arbeitsreichen Alltag hinter sich zu lassen und über Monate von Fest zu Fest zu reisen. Dabei zu sein, kann sich jeder leisten, denn wer kein Geld hat, lebt in der Tradition der Wanderderwische von Almosen oder hilft beim Aufbau und Abbau der Zelte und der Essensausgabe für Bedürftige, um die eigene Versorgung und die Reisekosten zu bestreiten. Die Versorgung der Pilger ist nahezu kostenlos und wird aus Spendenmitteln finanziert. Auf einem Heiligenfest soll niemand die Unterschiede zwischen Arm und Reich spüren; die Bedürftigen und Bettler werden entschädigt für all ihr Darben im restlichen Jahr, und selbst die Reichen profitieren von ihrer Wohltätigkeit, wenn sie beweisen können, dass sie verantwortungsvoll mit den von Gott verliehenen Ressourcen umgehen, und ihnen dadurch Gelegenheit zur Imageaufwertung, sowohl fürs Diesseits als auch fürs Jenseits, gegeben ist.

Wer erst kurz vor Festbeginn Ttanta erreicht, dem bleibt nichts anderes übrig, als auf der Straße zu schlafen, oder er feiert, wie nicht wenige es tun, ohne Schlaf durch bis zur Großen Nacht. In der Ahmad Badawi Moschee sitzen, liegen, beten, essen und schlafen die Menschen dicht an dicht, und auch auf dem Platz vor der Moschee sind nur noch die mit grünen

Matten gekennzeichneten Durchgänge freigelassen. Wer Verwandtschaft in Ttanta hat, weiß sich glücklich zu schätzen, wenn auch für die meisten Gastgeber die Bewirtung der weitverzweigten Familie eine Herausforderung darstellt und die Dächer und Innenhöfe der Privathäuser nicht weniger überfüllt als die öffentlichen Räume scheinen. Hotels und Pensionen machen gute Geschäfte, denn selbst die Betten, die auf den Dachterrassen unter freiem Himmel stehen, sind schon Wochen im Voraus ausgebucht. Wem es nichts ausmacht, sich inmitten des nimmermüden, lärmenden Festgeschehens niederzulassen, kann auf einem von der Stadtverwaltung zur Verfügung gestellten Platz, dem mal'a, *dem großen Festfeld am Westrand der Stadt, unterkommen. Dort ist ein Zelt ausschließlich Frauen und Kindern reserviert. Nicht weit davon stehen die Buden, in denen gegen eine geringe Bezahlung professionelle Beschneidungen vorgenommen werden. Unter der Landbevölkerung ist es üblich, die Jungen während der* mulid *beschneiden zu lassen, weil in vielen der abgelegenen Dörfer weder Ärzte noch ausgebildete Beschneider vorhanden sind und weil angenommen wird, dass ein Junge, der anlässlich eines* mulid *beschnitten wird, sein Leben lang unter dem besonderen Schutz des Heiligen stehe.*

In mal'a *sind alle Sufiorden präsent. Buntbestickte Banner und großformatige Plakate vor den Zelten verweisen auf die Ordenszugehörigkeit. Hier empfängt die lokale Niederlassung den hohen Besuch aus den Zentralen sowie Mitglieder und Interessierte aus dem In- und Ausland. Alle, die eintreten, werden mit Tee oder schwarzem Kaffee, zuweilen auch Süßigkeiten und Zigaretten bewirtet, die Gäste für die Gemeinschaft gestiftet haben, und wer Glück hat oder vorausschauendes Geschick, kommt immer gerade rechtzeitig zu den mehrmals am Tag stattfindenden Essensausgabe. Im hinteren Teil des Zeltes sind Decken ausgebreitet für all diejenigen, die sich vom Festgeschehen auszuruhen wünschen. Tagsüber sind die Planen der Zelte heruntergelassen und der Zutritt überwiegend den Mitgliedern oder Sympathisanten der Bruderschaft vorbehalten. Bei Anbruch der Nacht ist das Zelt öffentlicher*

Raum, dann werden die Planen weit zurückgeschlagen und der Allgemeinheit Gelegenheit gegeben sich an den literarischen, musikalischen oder spirituell-tänzerischen Darbietungen zu erfreuen.

Die Zuschauer wandern von Zelt zu Zelt, werden von den Sa'diya zu einem Vortrag eingeladen, nehmen bei den Ahmdiya Schinawiya an einer Meditation teil, lauschen bei den Bakrya einem Sänger, der eine Hymne an den Propheten vorträgt, trinken bei den Kanasiya Ahmadiya Tee und halten dort besonders gern ein, wo sie von Percussionsinstrumenten und Orchestern begleitete dhikr und sama' geboten bekommen, die ekstatischen Meditationen der Sufis.

Wer Abwechslung zum spirituellen Programm sucht, findet es auf dem benachbarten Rummelplatz, wo Feuerschlucker, Schlangenbeschwörer, Wahrsager und die Frau ohne Unterleib für Unterhaltung sorgen, wo Kinder das Kettenkarussell und Schiffschaukeln belagern und ganze Familien sich ins Festgewimmel stürzen. Im Nildelta, dem Paradies der mulid, hat sich ein eigener Heiligenfest-Wirtschaftszweig herausgebildet. Jahrmarktsbetreiber, Getränkevertriebe, Süßigkeiten- und Spielzeughersteller machen der dürftigen lokalen Fest-Infrastruktur Konkurrenz und verbreiten in den abgelegenen Dörfern glitzerndes Hollywoodflair – oder das was man sich in dieser Region darunter vorstellt.

Nach einer Woche steuert das Fest auf seinen Höhepunkt zu. Die große Nacht markiert den Ehrentag des Scheikh Ahmad Badawi. Nach dem Nachmittagsgebet versammeln sich die Sufigemeinschaften zu einer Prozession durch die Stadt, die Generalprobe für eine noch größere und bedeutendere Veranstaltung, die Prozession des khalifa von Scheikh al-Badawi, die am kommenden Tag das Fest abschließen wird. Den ganzen Tag über werden nach und nach alle Schafe und Ziegen geschlachtet, die die Festwoche über angebunden vor den Zelten gelebt haben. Bei den Tieren handelt es sich meistens um Spenden von Bauern, die aus den umliegenden Dörfern angereist sind. Abends wird das gegrillte Fleisch mit Reis zubereitet und an die Bedürftigen verteilt. Bei Sonnenuntergang trifft *die Stadtverwaltung letzte Vorbereitungen für die offizielle Veranstaltung. Stromgeneratoren, Lichtanlage, einige Monitore und die Lautsprecher, die jeden Winkel des Platzes beschallen und auch an den Sufi-Zelten angebracht sind, werden ein letztes Mal überprüft, bevor die Gäste, Minister, der Vorstand der Regierungspartei, Religionsgelehrte der Azhar, religiöse Würdenträger und häufig auch Staatsbesuch aus anderen islamisch geprägten Ländern eintreffen. Im Zelt, in dem die offiziellen Festlichkeiten stattfinden, haben nur geladene Gäste Zutritt. Das gewöhnliche Volk steht dichtgedrängt und drängelnd vor dem Festzelt und hofft, ab und an während der über Stunden währenden Veranstaltung einen Blick auf die Prominenz werfen zu können. Derweilen erschallen in ohrenbetäubender Lautstärke Koranrezitationen, Ansprachen, religiöse Musik und Lyrik über den Platz. Viele nutzen, solange das Fest von offizieller Seite bestritten wird, die Zeit, um etwas Entspannung zu finden, bevor im zweiten Teil der Nacht die Planen der Sufizelte wieder hochgeschlagen und die Klänge angestimmt werden, die die Massen anlocken und in dieser Nacht die Menschen, die außer sich vor Begeisterung sind, zum Tanzen, Lachen, Weinen und sich selbst Vergessen bringen.*

Der nächste Tag ist von Aufbruchstimmung geprägt. Gegen Mittag sind die meisten Zelte in mal'a *schon abgebaut. Bepackt und wie verkatert von den ekstatischen Feierlichkeiten der vergangenen Nacht machen sich die Pilger auf den Weg in die Stadt, um an der Abschlussveranstaltung teilzunehmen. Dort quält sich mit verschlossenen Gesichtern das Militär damit, einen Korridor für die Prozession freizuhalten. Die Zuschauer wollen nicht abseits stehen und zuschauen, sondern inmitten des Geschehens und dem* khalifa *des Ahmad Badawi nahe sein, wenn dieser auf einer Araberstute vorbereitet. An den Feiertagen trägt dieser Turban und Mantel des verstorbenen Heiligen und alle hoffen, ihn berühren zu können, damit etwas vom ihm anhaftenden* baraka *auf sie übergeht. Der bunte, lärmende, kilometerlange Zug wird von Kavallerie, Infanterie und einer Militärkapelle an-*

geführt, hinter der die Vertreter der Sufiorden mit ihren buntbestickten Bannern und Gefolgschaft einherschreiten. Die Hierarchie der Orden krönend, folgt der Verehrte, dessen edles Pferd scheut und durch die Menge geschoben werden muss, links und rechts flankiert von zwei mit roten und goldenen Umhängen geschmückten Kamelen, auf denen Männer thronen, die die Kesselpauke schlagen. Wo immer er vorbeireitet, werden ihm Kinder entgegengehalten, „schilla ya sheikh! Mada ya khalifa!“, *rufen ihm die Menschen zu: Gib uns etwas von Deinem Segen, hilf uns! Frauen stoßen schrille Freudentriller aus, Männer tanzen zu Trommel und Tamburinklängen, und aus den Fenstern der Häuser regnet es Reis und so viele Bonbons, dass zum Schutze des solchermaßen Verehrten ein Regenschirm aufgespannt wird. Mit etwas Abstand zum* khalifa *folgen auf mit Girlanden und Zunftabzeichen geschmückten Pferdewagen die Handwerker der Stadt, die zum Gelingen des Festes beigetragen haben. Die beste Stimmung herrscht aber auf dem offenen Lastwagen, der den Zug abschließt und auf dem die Frauen und Kinder der Handwerker singen, klatschen und der Menge zuwinken. Bis die Prozession durch die großen Straßen der Stadt wieder zu ihrem Ausgangspunkt, dem Ahmadiya-Platz, zurückkehrt, vergehen Stunden.*

Immer mehr Menschen begeben sich inzwischen auf die Reise, kehren erschöpft und völlig übermüdet, aber glückselig nach Hause zurück oder ziehen gleich weiter nach Dusqud, wo das nächste Heiligenfest schon begonnen hat.

Weiterführende Literatur

Feste allgemein

Assmann, Jan: Das Fest und das Heilige. Religiöse Kontrapunkte zur Alltagswelt. Gütersloh 1991

Baumann, Martin / Rink, Steffen (Hrsg.): Religionen feiern. Feste und Feiertage religiöser Gemeinschaften in Deutschland. Marburg 1997

Emmendörfer-Brößler, Claudia: Feste der Völker. Amt für Multikulturelle Angelegenheiten der Stadt Frankfurt am Main 1999

Grunebaum, Gustav: Muhammadan Festivals. London 1976

Hoffmann, Norbert: Der islamische Festkalender in Java und Sumatra. Bad Honnef 1978

Kirste, Reinhard / Schultze, Herbert / Tworuschka, Udo (Hrsg.): Die Feste der Religionen. Ein interreligiöser Kalender mit einer synoptischen Übersicht. Gütersloh 1995

Lane, Edward William: Sitten und Gebräuche der heutigen Egypter. Leipzig 1856

Mildenberger, Michael / Vöcking, Hans (Hrsg.): Islamische und christliche Feste. Frankfurt 1984

Schimmel, Annemarie: Das islamische Jahr. Zeiten und Feste. München 2001

Wagemann, Gertrud: Feste der Religionen – Begegnung der Kulturen. München 2002

Feste am Lebensweg

Blach, Thorsten: Nach Mekka gewandt. Zum Umgang türkischer Muslime mit ihren Verstorbenen in der Türkei und in Deutschland. Zentralinstitut und Museum für Sepukralkultur. Kassel 1996

Breuer, Rita: Familienleben im Islam. Traditionen – Konflikte – Vorurteile. Freiburg 2002

Campo, Juan: The other sides of paradise. Explorations into the religious meanings of domestic space in Islam. South Carolina 1991

Early, Evelyn: Baladi women of Cairo: Playing with an egg and a stone. Rienner 1993

Nippa, Annegret: Haus und Familie in arabischen Ländern. Vom Mittelalter bis zur Gegenwart. München 1991

Offenbarungsfeste

Ammann, Ludwig: Die Geburt des Islam. Historische Innovation durch Offenbarung. Göttingen 2001

Nünlist, Tobias: Himmelfahrt und Heiligkeit im Islam. Berlin 2002

Renz, Andreas: Der Mensch unter dem An-Spruch Gottes. Offenbarungsverständnis und Menschenbild des Islam im Urteil gegenwärtiger christlicher Theologie. Berlin 2002

Schimmel, Annemarie: Und Muhammad ist Sein Prophet. Die Verehrung des Propheten in der islamischen Frömmigkeit. München 1989

Seguy, Marie-Rose: Muhammads wunderbare Reise durch Himmel und Hölle. München 1997

Kanonische Feste

Abu Zahira, Nadia: The pure and powerful. Studies in Contemporary Muslim Society. Berkshire 1997

Faroqhi, Sorayya: Herrscher über Mekka. Die Geschichte der Pilgerfahrt. München 1990

Grünert, Angela (Text); Becker-Rau, Christel (Fotos): Ramadan. Fasten mit allen Sinnen. München 2001

Nabhan, Laila: Das Fest des Fastenbrechens ('id al-fitr) in Ägypten. Islamkundliche Untersuchungen. Berlin 1991

Rashed, Mohammed: Das Opferfest ('id al-adha) im heutigen Ägypten. Islamkundliche Untersuchungen. Berlin 1998

Schi'itische Trauerfeste

Chelkowski, Peter: Ta'ziya. Ritual and Drama in Iran. New York 1963

ders.: Staging a revolution: The art of persuasion in the Islamic Republic of Iran. London 2000

Cole, Juan: Sacred Space and Holy War. The politics, culture and history of Schi'ite Islam. London 2002

al-Haidari, Ibrahim: Zur Soziologie des schi'itischen Chiliasmus. Islamkundliche Untersuchungen. Berlin 1975

Mamnoun, Parviz: Ta'zija. Schi'itisch-Persisches Passionsspiel. Wien 1967

Schimmel, Annemarie: Islam in India and Pakistan. Icononography of Religions. Leiden 1982

Heiligenfeste

Atia, Tarek: Mulid. Carnivals of Faith. Kairo 1999

Gramlich, Richard: Die Wunder der Freunde Gottes. Theologien und Erscheinungsformen des islamischen Heiligenwunders. Wiesbaden 1987.

Kaptein, Nicolaas: Muhammad's birthday festivals. Early history in the central Muslim land and development in the Muslim West until the 10th/16th century. Leiden 1993

Kriss, Rudolf / Kriss-Heinrich, Hubert: Volksglauben im Bereich des Islam. Wallfahrtswesen und Heiligenverehrung. Wiesbaden 1960

Sadeghi, Zoreh: Fatima von Qum. Ein Beispiel für die Verehrung heiliger Frauen im Volksglauben der Zwölfer-Schia. Islamkundliche Untersuchungen. Berlin 1996

Zur Transkription

Arabische und persische Begriffe und Namen werden in einer vereinfachten Schreibweise in lateinischer Schrift wiedergegeben. Um eine möglichst korrekte Aussprache der Begriffe entsprechend dem lateinischen Alphabet zu erleichtern, wird auf die Wiedergabe der typisch arabischen Laute mit Sonderzeichen verzichtet. Allein der Buchstabe „'ain", der keine Entsprechung in den europäischen Sprachen hat und in der alphabetischen Reihenfolge vor dem „a" steht, und Hamza in der Mitte eines Wortes sind mit dem Hilfszeichen ' gekennzeichnet. Aus satztechnischen Gründen werden beide Buchstaben mit dem gleichen Hilfszeichen dargestellt.

Manche Inkonsequenz muss mit diesem System in Kauf genommen werden. So unterscheidet diese Transkription zum Beispiel nicht zwischen Lang- und Kurzvokalen. Der arabische Artikel (al-) wird in der alphabetischen Anordnung ignoriert. Alle Begriffe ohne Herkunftsnachweis entstammen dem Arabischen, einige allgemein bekannte Fremdwörter werden in der eingedeutschten Fassung verwendet.

Dieses Transkriptionssystem wurde in Zusammenarbeit mit Herrn Dr. Wolf-Dietrich Fromm, Institut für Islamwissenschaft an der Freien Universität Berlin, erstellt.

Islamischer Festkalender

Die islamische Zeitrechnung beginnt mit dem Jahr der *hidjra*, der Auswanderung der islamischen Urgemeinde von Mekka nach Medina im Jahre 622, alle Jahresangaben im Buch sind auf christliche Zeitrechnung übertragen worden. Auch die Einteilung der Monate unterscheidet sich von unserer Zeiteinteilung. Der islamische Kalender orientiert sich am Mondverlauf. 29 Tage, 12 Stunden, 44 Minuten und 2,9 Sekunden dauert demnach der Zyklus, in dem der Mond die Erde umkreist und ein Monat vergangen ist. Ein Jahr mit zwölf Zyklen umfasst also rund 354 Tage. Nach dem gregorianischen, am Sonnenverlauf orientierten Kalender ist dagegen ein Jahr vergangen, wenn der komplette Durchlauf aller Jahreszeiten, also die vollständige Umdrehung der Sonne in rund 365 Tagen erfolgt ist. Somit ist das Mondjahr rund elf Tage kürzer als das Sonnenjahr, was dazu führt, dass die Feste des islamischen Kalenders, wenn sie auf gregorianische Zeitrechnung übertragen werden, sich jedes Jahr um ungefähr elf Tage nach vorne verschieben. So wird das Opferfest, das in diesem Jahr von Muslimen in aller Welt nach unserer Zeitrechnung am dreizehnten Februar stattgefunden hat, im kommenden Jahr voraussichtlich am zweiten Februar gefeiert werden. Der tatsächliche Beginn und Ende eines Monats und damit der Feste, die auf einen bestimmten Tag in diesem Monat festgelegt sind, wird in den meisten Ländern in der Tradition des Propheten durch das konkrete Sichten der ersten Sichel nach Neumond bestimmt. Eine Methode, die – bedingt durch unterschiedliche geographische und klimatische Voraussetzungen sowie verschiedene Ortszeiten der Neumondsichtung in den verschiedenen Ländern – zu Zeitdifferenzen von ein bis zwei Tagen führt, die jedoch im Pilgermonat, in dem für Beginn und Ende des letzten Monats die Vorgaben des Obersten Gerichtshofes in Saudi-Arabien übernommen werden, wieder ausgeglichen werden. Um eine ungefähre Vorstellung über den Verlauf der in diesem Buch beschriebenen Feste zu bekommen, habe ich einen Festkalender zusammengestellt, der aus beschriebenen Gründen aber nur ungefähre Anhaltspunkte für Beginn und Ende der Feierlichkeiten bieten kann.

In den unterschiedlichen Ländern gibt es verschiedene Bezeichnungen für die Feste. Ich benutze im Buch die arabische Bezeichnung, die auch in nicht arabischsprachigen Ländern weitgehend bekannt ist. In folgender Liste sind alle mir bekannten Bezeichnungen der Feste aufgeführt, wenn nicht weiter angegeben, in arabischer Sprache.

Monat	*islam. Datum*	*Festanlass*	*Name des Festes*
1. Muharram	01.01.	sunnitisch: Neujahr schi'itisch: Beginn der Trauerzeit	ra's as-sanna
	10.01.	sunnitisch: Tag der Landung der Arche; schi'itisch: Todestag Hussains; Wiedersehen von Adam und Eva nach der Vertreibung aus dem Paradies	'aschura / aschure günü (türk.) aschure bayrami (türk.)
2. Safar	20.02.	schi'itisch: Abschluss der Trauerzeit um Hussain	'arba'in
3. Rabi'a al-auwwal	12.03.	Geburts- und Todestag des Propheten	mulid an-nabi / mawlid / bara wafat / mevlid kandili (türk.)
4. Rabi'a ath-thani	04.04.	Geburtstag des Prophetenenkels Hussain	mulid al-Hussain / 'id al-Hussain / veladet kandil (türk.)
5. Djumada al-ula	05.05.	Geburtstag der Prophetenenkelin Zainab	mulid as-Sayyida Zainab
6. Djumada al achira			
7. Radjab	27.07.	Himmelfahrt	lailat al-mi'radj / isra'/ miraq kandili (türk.)

Monat	*islam. Datum*	*Festanlass*	*Name des Festes*
8. Scha'ban	19. oder 23./25. oder 27.08.	Nacht der Herabsendung des Koran sunnitisch: Nacht der Vergebung; schi'itisch:	lailat al-qadr / kadir gecesi (türk.) lailat al-bara'a / nisf scha'ban / schab-i barat (pers.) 'id al-Mahdi (pers.) bera'at gecesi (türk.) / berat kandili (türk.)
	15.08.	Geburtstag des 12. Imam	'id al-Mahdi
9. Ramadhan	01.09.	Sichtung des Neumondes, Beginn der Fastenzeit	ru'iyat al-hilal
10. Schawwal	01.–03.10	Fest des Fastenbrechens	'id al-fitr; ramsan bayrami (türk.), scheker bayrami (türk.)
11. Dhu'l-qada			
12. Dhu'l hidja	08.12.	Beginn der Wallfahrt	hadj
	10.12.	Opferfest	'id al-addha / 'id al-kabir / kurban bayrami (türk.)
	18.12.	sunnitisch: Totenwache des ersten sunnitischen Khalifen am Grabe Muhammads; schi'itisch: Tag der politischen Designation 'Alis am Teich von al-Khumm.	'id al-ghadir, ghadir al-khumm

Glossar

'arba'in	wörtl.: vierzig; Zeremonie am vierzigsten Tag nach dem Tod
'aschura	Feier des Todestages von Imam Hussain am zehnten Muharram
'aschurkhana (persisch)	↗ hussainiya; Räumlichkeit für ↗ Muharrams-Zeremonien
'id	Fest
'id al-addha	Opferfest
'id al-ghadir	↗ ghadir al-khum
'idiya	das Taschengeld, das Kinder zum Fest erhalten
'ischa'	das letzte der fünf über den Tag verteilten Pflichtgebete
'umra	die im islamischen Ritus nicht obligatorische 'kleine' Pilgerfahrt nach Mekka
Abbassiden	Dynastie, die als Nachfahren von 'Abbas ibn 'Abd al-Muttalib ibn Haschim, eines Onkels des Propheten, ihre Machtlegitimation auf die Abstammung von Propheten gründen. Unter dem Abbassidenkhalifat (750–1258) mit der Zentrale in Bagdad wird aus dem ursprünglich arabischen Reich ein islamisches Großreich, in dem verschiedene Volksgruppen, vor allem Perser und Turkvölker Einfluss, haben
abu	Vater
ahl al-bait	die Angehörigen der Prophetenfamilie
Alla-u akbar, la Alla illa Alla	wörtl.: Gott ist groß, es gibt keinen Gott außer Gott; religiöse Formel, Teil des islamischen Glaubensbekenntnisses
al-Aqssa	↗ masdjid al-aqssa. Moschee, drittgrößtes Heiligtum der Muslime, in der Altstadt von Jerusalem gelegen; von dort aus soll der Prophet seine Himmelfahrt angetreten haben
astana-i hazarat (persisch)	weiterer Begriff für ↗ imamzadaha
auwliya' (pl.)	↗ wali, ↗ wilaiya
al-Azhar	Moschee mit Universität; 970 unter den ↗ Fatimiden

	in Kairo errichtet; heute eine der größten und einflussreichsten sunnitischen Institutionen der Welt
baraka	von Gott verliehene Segenskraft
bi'da	unstatthafte Neuerung, die nicht in der Tradition des Propheten steht
bismalla	wörtl.: im Namen Gottes; religiöse Formel, die rituelle, aber auch gewöhnliche Handlungen einleitet, um sie unter Gottes Schutz zu stellen
Buyiden	schi'itische Dynastie, stammen aus der kaspischen Küstenregion von Mazandaran. Von dort aus eroberten sie Mittel- und Westiran und herrschten von der Mitte des 10. bis Mitte des 11. Jahrhunderts im Irak und im südlichen und westlichen Teil Irans
dhikr	wörtl.: Erinnerung, Gottesgedenken; mystische Meditations-Praxis
dukhla ad-dunia	wörtl.: Eintritt in die Welt; Vollzug der Ehe
fatawih (pl.)	religiöse Rechtsgutachten, ↗ Mufti
fatiha	Eingangssure des Koran; leitet rituelle Handlungen ein
Fatimiden	Dynastie, die sich als Nachfahren von 'Ali und Fatima, der Tochter des Propheten, betrachtet und daraus die religiöse Legitimierung ihrer Herrschaft ableitet. Die Fatimiden kamen 969 aus dem Maghrib an den Nil und gründeten Kairo, das ab 973 Zentrale des ↗ Khalifat wird. Die Fatimiden regierten bis 1171.
ghadir al-khum	Fest, das im schi'itischen Kontext an die Designation 'Alis als Nachfolger Muhammads erinnert
hadith	überlieferte Worte und Taten des Propheten
hadj	Pilgerfahrt nach Mekka; die letzte der fünf Grundpflichten des Islam
hadja (fem.) hadji (mask.)	Ehrentitel für jemanden, der die Pilgerreise vollzogen hat
hidjra	Auswanderung der islamischen Urgemeinde von Mekka nach Medina; Beginn der islamischen Zeitrechnung
hussainiya; hussainiyat (pl.)	im nichtarabischen Raum auch ↗ 'aschurkhana (pers.); Räumlichkeiten für das rituelle Gedenken an Imam Hussain
Imam	im allgemeinen Sprachgebrauch: Seiten eines Gebets, im schi'itischen Kontext die politischen Nach-

	folger Muhammads, die ihren Herrschaftsanspruch von der Verwandtschaft zum Propheten ableiten
imamat	Herrschaft des ↗ Imam
imambara (urdu)	im indo-pakistanischen Sprachgebrauch Ausdruck für ↗ hussainiyya
imamzadaha (persisch, pl.)	Gräber der Verwandten der Imame
iqlaba	das auswendige Beherrschen des vollständigen Koran
ischrafa	das auswendige Beherrschen von mindestens einem Drittel des Koran
i'tikaf	wörtl.: Rückzug, Absonderung. Religiöse Meditation im letzten Drittel des ↗ Ramadhan
ka'ba	wörtl.: Kubus; größtes islamisches Heiligtum in Mekka, das bereits in vorislamischer Zeit verehrt wurde und das aus islamischer Perspektive von Abraham im Auftrag Gottes errichtet wurde
kenduri (hindi)	in der hinduistisch-javanischen Tradition rituelle Mahlzeit im Gedenken an Verstorbene
Khalif	ursprünglich die politischen Nachfolger des Propheten (in sunnitischem Kontext)
khalifa	wörtl. Nachfolger eines ↗ wali
Khalifat	Herrschaft, ↗ Khalif
Konstitutionelle Revolution im Iran	Verfassungsrevolution von 1906–1911 mit dem Ergebnis einer konstitutionellen Monarchie auf Verfassungsgrundlage
kull sanna wa intu ttaiybun	wörtl.: Möge es euch das ganze Jahr über gut ergehen! Glückwunschformel zu Beginn des Festes
lailat al-mi'radj	Nacht der Himmelfahrt des Propheten
lailat al-qadr	Nacht der Göttlichen Allmacht, erinnert an die Herabsendung des Koran
madjalis (pl.)	wörtl.: Sitzplätze, Zusammenkünfte; Versammlungen im Gedenken an den ermordeten Imam Hussain
mahr	Brautgabe
maqatil (pl.)	Martyrologien, die die Ermordung des Imam Hussain zum Thema haben
marathi (pl.)	Trauergedichte, welche die guten Eigenschaften eines Verstorbenen zum Thema haben
masdjid al-aqssa	wörtl.: das entfernteste Heiligtum; die ↗ Aqssa-Moschee

masdjid al-haram	wörtl.: das heiligste Heiligtum; die ↗ ka'ba
mazar-i scharif (persisch)	weiterer Begriff für ↗ imamzadaha
mi'radj	↗lailat al-mi'radj
Mufti	Islamischer Religionsgelehrter, der befugt ist, auf der Grundlage von Koran, ↗ hadith und ↗ schari'a verbindliche Rechtsquellen ↗ fatawih zu erstellen
Muharram	erster Monat im islamischen Kalender; Monat, in dem Imam Hussain ermordet wurde
mulid (arabisch umgangssprachl.)	hocharabisch: mauwlid; Geburts- oder Todestag eines als heilig Verehrten
mulid an-nabi	Geburts- und Todestag des Propheten
na'ih	Trauernder
nakhl	Totenbahre; Symbol für den ermordeten Imam Hussain
naqqal	Überlieferer volkstümlicher Epen und Heldensagen
nauwruz (persisch)	Neujahrsfest im Iran, vorislamischen Ursprungs
Qadjaren	turkstämmige, schi'itische Dynastie, die von 1796–1925 Iran mit Sitz in Teheran regierten
quras	kuchenähnliches Festgebäck
Ramadhan	Fastenmonat, auch männlicher Vorname, bevorzugt für Jungen, die in der Nacht der Herabsendung des Koran geboren sind
Safawiden	Dynastie, herrschte im Iran von 1135–1722; gründeten ihre Machtlegitimation auf Abstammung von der Prophetenfamilie
salamu'alaikum wa rahmatulla	wörtl.: Friede sei mit euch und der Segen Gottes; Segens- und Grußformel
sama'	wörtl.: hören; mystische Konzerte und Tanz
scharbat (pers., arab.)	Sirup; Wasser mit Zucker und Rosenwasser, das eisgekühlt serviert wird
schari'a	islamisches Recht, das auf den juristischen Vorgaben von Koran und ↗ hadith basiert
Scheikh	respektvolle Anrede für einen älteren Herrn, ursprünglich für den Ältesten eines Stammes; heute auch Titel für geistliche oder politische Würdenträger

ssadiqa	freiwillige Almosen
subu'	Namensgebungszeremonie am siebten Tag nach der Geburt
Sufi	wörtl.: jemand, der Wolle trägt; Anhänger mystischer Strömungen des Islam, die asketisch leben und ursprünglich mit grob gewirkten, ungefärbten wollenen Gewändern bekleidet waren
sunna	das über Koran und ↗ hadith überlieferte Verhalten des Propheten, welches den Gläubigen zwar nicht als Pflicht, jedoch als nachzuahmendes Vorbild gilt
tabut	Sarg bzw. Schreinreplik, Symbol für Imam Hussain
tahnik	das Zerkauen von Datteln, die Babys von ihren Vätern gefüttert werden; gilt als religiös verdienstvolle Handlung, die in der Tradition des Propheten steht
takiya	Räumlichkeit, in der schi'itische Passionsspiele ↗ ta'ziya aufgeführt werden, bzw. die Relikte für ↗ 'aschura-Prozessionen aufbewahrt werden
tarawih	im Fastenmonat ↗ Ramadhan sechstes zusätzliches Gebet, gehört nicht zu den fünf über den Tag verteilten Pflichtgebeten, gilt aber als religiös verdienstvolle Handlung; im Anschluss wird jeweils ein Teil des Koran rezitiert
tawwabun	wörtl.: Büßer; die ersten Schi'iten aus Kufa, die an den Gräbern von Kerbala die ersten ↗ 'aschura-Trauerzeremonien ausführten
ta'ziya	substantiviertes Verb von 'azza, trauern, kondulieren, Sympathie bezeugen; schi'itische „Passionspiele"; im indo-pakistanischen Raum sind dies auch die Schreinrepliken, die den Tod des Hussain symbolisieren
Umaiyaden	Dynastie. Der fünfte Khalif Mu'awiya aus der mekkanischen Familie der Umaiya ersetzte das Wahlprinzip des ↗ khalifat durch erbliche Nachfolge. Die Söhne Umaiyas bildeten somit die erste Dynastie von Khalifen, die von 661–750 das Arabische Reich mit Hauptstadt Damaskus regierten. Unter den Umaiyaden fanden die wichtigsten Eroberungen und eine Ausdehnung des islamischen Reiches von Spanien im Westen bis zum Industal im Osten statt. Die Umaiyaden standen in Opposition zu der von der Macht verdrängten Familie des Propheten, die sich nach der Ermordung des Prophetenenkels Hussain zu den Schi'iten formierten

umm	Mutter
umma	islamische Urgemeinde; Gemeinschaft der gläubigen Muslime
Wahabismus	rigide Version des sunnitischen Islam, begründet von Muhammad Ibn 'Abdul Wahhab, geb. 1703 in Ayina bei Riad
wali	Person, die Gott näher steht als gewöhnliche Menschen und deswegen auch über ihren Tod hinaus als Vermittler zwischen Gott und Mensch betrachtet wird
wilaiya	Begriff, der im Koran das Verhältnis zwischen Gott und Mensch beschreibt; im schi'itischen Kontext gilt wilaiya als von Gott bestimmte religiöse, politische oder juristische Herrschaft
wilaiyat-i faqih (persisch)	Herrschaft der Religionsgelehrten
zagharid (arabisch, pl.)	Freudentriller
zaka	Pflichtalmosen; eine der fünf Grundpflichten; danach müssen 2,5 Prozent vom Vermögen an die Armen abgegeben werden
zamzam	Quelle in Mekka, die den islamischen Urvater Isma'il vor dem Verdursten gerettet haben soll; das Wasser gilt als besonders heilbringend
zariya (persisch)	im indo-pakistanischen Kontext sind dies Grab- und Schreinrepliken, die im ↗ Muharram in der ↗ imambara aufgestellt werden und dort für ein Jahr verbleiben und am Ende des Jahres rituell beerdigt werden
ziyarat (pl.)	ritueller Besuch der Gräber; Texte, die im Vorfeld des Besuches von Heiligengräbern gelesen werden